LA AVERSIÓN DE SU BEBÉ
A ALIMENTARSE CON BIBERÓN

RAZONES Y SOLUCIONES

Rowena Bennett

Por mi hijo, Hayden Bennett. Sin su estímulo para publicar un artículo sobre la aversión a los alimentos, este libro nunca habría ocurrido. La respuesta fue fenomenal. Después de ayudar a cientos de personas publicando un solo artículo, pensé: ¡ayudemos a miles a través de un libro! Gracias Hayden por tu aliento y tu confianza en mí.

También dedico este libro a los padres que están buscando desesperadamente una solución a la aversión de su bebé a alimentarse con biberón.

YOUR BABY SERIES

LA AVERSIÓN DE SU BEBÉ A ALIMENTARSE CON BIBERÓN

RAZONES Y SOLUCIONES

Rowena Bennett

Enfermera Diplomada
Comadrona Certificada
Enfermera Certificada en salud mental
Enfermera Certificada en salud infantil, juvenil y familiar
Diploma de Graduado en Promoción de la Salud
Consultora de lactancia certificada por el Consejo Internacional (IBCLC)

Datos del editor
Publicado por Your Baby Series
PO Box 1260
Maroochydore Qld
AUSTRALIA
www.yourbabyseries.com

© Rowena Bennett 2020
Este libro tiene derechos de autor. Aparte de cualquier trato justo con fines de estudio, investigación, crítica o revisión privada, según lo permitido por la ley de Derechos de Autor, ninguna parte puede ser reproducida por ningún proceso sin permiso por escrito. Las consultas deben dirigirse al editor.

Otros libros de Rowena Bennett
Tu Bebé Desvelado

ISBN: 978-0-6480984-1-6
Biblioteca Nacional de Australia
Entrada de Catalogación en la Publicación

CONTENIDO

Sobre el Autor
Agradecimientos
Introducción

PARTE A: IDENTIFICAR LA CAUSA 1

Capítulo 1: Las causas de la aversión a la alimentación con biberón 1

¿Qué es una aversión a la alimentación? / Signos / Causas / Ser presionado / Fórmula o medicamentos de sabor amargo / Dolor / Episodios de asfixia / Trauma médico / Trastorno del procesamiento sensorial / Otros

Capítulo 2: Descarte los problemas de succión 12

Principales problemas de succión / Barreras para una succión eficaz / Cómo elegir el equipo adecuado / Cómo resolver los problemas de flujo de aire / Cómo colocar al bebé para la alimentación

Capítulo 3: ¿Es la presión la causa? 19

Cómo se presiona a los bebés para que se alimenten / Qué sucede cuando se presiona a un bebé / Por qué los bebés se alimentan mientras duermen / Por qué a menudo se pasa por alto la presión como causa de un comportamiento alimentario repulsivo.

Capítulo 4: Descartar problemas médicos 41

Cómo saber si el dolor es la causa / Problemas físicos que causan dolor durante la alimentación / Signos y síntomas / Tratamientos para afecciones que causan aversión a la alimentación / Diagnóstico erróneo / El 'Laberinto Médico' y cómo escapar de él.

PARTE B: CORREGIR PERCEPCIONES ERRÓNEAS 62

Capítulo 5: Conozca su papel 62

Error 1: Creer que los padres deben controlar cuánto come el bebé / La responsabilidad de los padres al alimentar a un bebé / La capacidad de los bebés para autorregular la ingesta dietética / ¿Cuánto apoyo necesitan los bebés mientras comen? / Causas de la subalimentación y sobrealimentación

Capítulo 6: Comprender las necesidades de leche del bebé 76

    Error 2: Sobreestimar las necesidades de leche del bebé / Cómo calculan los profesionales de la salud las necesidades de leche de un bebé / Qué influye en las necesidades nutricionales del bebé / Signos de que el bebé está bien alimentado.

Capítulo 7: Aclarar las expectativas de crecimiento 88

    Error 3: Expectativas de crecimiento poco realistas / Supuestos erróneos / Variaciones del crecimiento normal / Meseta de crecimiento / Pecho versus leche maternizada / Disminución natural del crecimiento / Crecimiento reducido / Retraso constitucional del crecimiento / Falsas alarmas / Error 4: Suponiendo que el bebé no está comiendo lo suficiente

Capítulo 8: Bebés en riesgo 102

    Bebés prematuros / Bebés con RCIU / Bebés de baja estatura / Bebés grandes al nacer / Bebés que no comen lo suficiente en los primeros meses / Bebés que se sobrealimentan en los primeros meses / Bebés genéticamente magros / Bebés nacidos de padres altamente ansiosos / Otros

PARTE C: SOLUCIONES 118

Capítulo 9: Cinco pasos para el éxito 118

    1. Asegurar la salud del bebé / 2. Planificar el éxito / 3. Motivar al bebé a alimentarse / 4. Seguir el paso del bebé / 5. Apoyar el sueño del bebé

Capítulo 10: Gestión de la alimentación 125

    Reglas de oro para la alimentación / Cuándo ofrecer alimentos / Cómo ofrecer alimentos / Cuántas veces ofrecer en cada alimento / Cómo responder a las indicaciones del bebé

Capítulo 11: Preguntas frecuentes sobre la alimentación 140

    Cómo manejar diferentes escenarios

Capítulo 12: Apoyar el sueño del bebé 149

    ¿Por qué es importante dormir / ¿Cuánto sueño necesitan los bebés? / Cómo la falta de sueño afecta la alimentación / Por qué los bebés no duermen / Cómo apoyar el sueño del bebé

Capítulo 13: Vigilar el progreso del bebé **164**

Cómo seguir el progreso del bebé / Registrar la ingesta y salida de líquidos del bebé / Qué esperar cuando la aversión alimentaria del bebé se resuelva / Señales de que el bebé ya no es reacio a la alimentación

Capítulo 14: ¡No está funcionando! **175**

Razones de la falta de progreso / Romper las reglas / No seguir las recomendaciones de alimentación / Problemas físicos y sensoriales / Dónde encontrar apoyo

Capítulo 15: La vida después de la aversión del bebé **188**

Razones por las que la situación podría no ser tan buena como se esperaba / Qué puede hacer para promover la satisfacción del bebé

Referencias

Descargo de responsabilidad importante

La Aversión de su Bebé a Alimentarse con Biberón está diseñada para ayudar a los padres y cuidadores a obtener información general sobre el cuidado y la promoción de la salud de bebés y niños. La información, opiniones o juicios en este libro no pretenden sustituir el consejo médico. El contenido se proporciona para uso general y puede ser inadecuado para bebés o niños que sufren de ciertas condiciones, diagnosticadas o no.

Por consiguiente, ninguna persona debe confiar en el contenido de este libro sin obtener primero el asesoramiento médico adecuado. Esta publicación se vende enteramente en el entendimiento de que el autor y/o los consultores y/o editores no son responsables de los resultados de ninguna acción tomada sobre la base de la información en esta publicación, ni de un error u omisión de esta publicación, y además de que el editor no está involucrado en la prestación de servicios o consejos médicos, pediátricos, profesionales o de otro tipo. El editor y el autor, los consultores y los editores renuncian expresamente a toda responsabilidad ante cualquier persona, ya sea un comprador o un lector de esta publicación o no, con respecto a cualquier cosa y de las consecuencias de cualquier cosa hecha u omitida para ser hecha por cualquier persona en la confianza ya sea total o parcialmente sobre la totalidad o cualquier parte del contenido de esta publicación. Sin limitar la generalidad de lo anterior, ningún autor, consultor o editor tendrá responsabilidad alguna por cualquier acto u omisión de cualquier otro autor, consultor o editor.

SOBRE EL AUTOR

Mi esposo Bruce y yo vivimos en la Costa del Sol en Queensland, Australia. Tenemos tres hijos adultos, Hayden, Jessica y Caitlin, y cinco adorables nietos, Elijah, Willow, Harlow, Isla y Bodhi. Ingenuamente pensé que la vida se volvería más tranquila a medida que envejecía, pero mientras más nietos llegaban, más ocupada estaba. Me encanta pasar tiempo con mi familia y amigos, viajar, andar en bicicleta y montar en mi scooter, Lola.

Proporciono un servicio de consulta en línea – www.babycareadvice.com – para los padres que viven en todo el mundo (siempre y cuando hablen inglés). Las consultas se relacionan con el llanto, la alimentación y los problemas de sueño de los bebés. Me encanta charlar con los padres sobre sus bebés, así que no me siento como en el trabajo. También me gusta escribir sobre la salud del bebé y los problemas que experimentan los bebés sanos que publico en mi sitio web, www.babycareadvice.com. Mi primer libro, llamado *Your Sleepless Baby (Su bebé que no duerme)*, como su nombre lo indica, trata sobre los problemas y soluciones del sueño en el bebé. Este fue publicado en 2012.

Cualificaciones profesionales

Siempre me ha gustado aprender. Durante mi carrera de enfermería, que hasta ahora ha durado más de 40 años, he obtenido calificaciones profesionales como enfermera titulada, partera, enfermera de salud mental, enfermera pediátrica y de salud infantil, soy una Consultora de Lactancia Certificada por el Consejo Internacional (IBCLC) y tengo un diploma de posgrado en Promociones de Salud. Eso es más de 8½ años de educación terciaria (nivel universitario o de colegio).

Experiencia en la aversión a la alimentación con biberón

Australia es uno de los pocos países que capacitan a las enfermeras de salud infantil para facilitar los controles de salud de los bebés sanos y proporcionar información sanitaria y asesoramiento sobre la crianza de los hijos en relación con los bebés y los niños de hasta 18 años de edad. El gobierno australiano también financia una serie de centros de educación para la crianza temprana de los hijos, en los que se admite a los padres y a sus bebés y niños pequeños para que permanezcan unos cinco días. Durante este tiempo, reciben apoyo práctico las 24 horas del día de enfermeras de salud infantil calificadas para ayudarles a resolver problemas de bienestar del bebé o del niño, tales como problemas para alimentarse y dormir.

Fui empleada como enfermera de salud infantil en un centro de educación para la crianza temprana de los hijos durante aproximadamente 18 años. Durante ese tiempo, aprendí sobre el desarrollo infantil, cómo se relaciona con la alimentación y la nutrición, y las causas y soluciones a los diferentes tipos de problemas de alimentación infantil. He tenido innumerables oportunidades para alimentar a los bebés con biberón, observar a los padres alimentando a sus bebés y ser testigo de cómo los bebés responden a las diferentes técnicas de alimentación. Me había entrenado previamente como enfermera de salud mental y había estudiado las muchas teorías sobre la conducta aprendida. Trabajando estrechamente con las familias en el centro de educación para padres, pude ver cómo las acciones de los padres influyeron en el comportamiento de sus hijos, y cómo ciertas prácticas de alimentación infantil reforzarían o desalentarían el comportamiento deseable e indeseable, incluyendo el comportamiento de alimentación aversiva.

De mi experiencia en el centro de educación para padres, sabía que no era esencial ver a un bebé físicamente sano para identificar la razón por la cual lloraba, se alimentaba o tenía problemas para dormir. Solo necesitaba saber qué preguntas hacer a los padres. Y así, en 2002, decidí iniciar un servicio de consulta en línea. Desarrollé planes de alimentación para resolver las aversiones a la alimentación conductual. Como resultado de mis éxitos, se corrió la voz en los foros de padres, y tuve un flujo constante de casos de aversión a la alimentación, así como otros problemas de cuidado infantil. Después de publicar un artículo sobre la aversión a la alimentación en mi sitio web en 2013, el número de casos con los que ayudé se cuadruplicó. La aversión a la alimentación es ahora la razón más común de las consultas reservadas a través de mi sitio web. Hasta la fecha, he estado involucrada en más de 2000 casos. El ochenta por ciento se relaciona con la aversión a la alimentación con biberón y el resto con la lactancia materna y los sólidos.

Por qué escribí este libro

Los padres no buscan un servicio de consulta en línea para padres como la primera opción cuando se enfrentan a un problema de alimentación infantil.

La mayoría de mis clientes afirmaron haber consultado entre tres y siete, y algunos hasta 15 profesionales de la salud de varios campos antes de descubrir mi sitio web.

Muchos de mis clientes expresan sentimientos o frustración e ira por su infructuosa búsqueda de una solución efectiva. Explican cómo derraman lágrimas una y otra vez mientras son testigos de lo molesto que se pone su precioso bebé en los momentos de alimentación mientras trata frenéticamente de evitar la alimentación a pesar de los signos obvios de hambre. Algunos oran diariamente para aliviar el estrés constante. Muchos se sienten socialmente aislados porque su bebé no se alimenta, excepto cuando duerme. Se acuestan en la cama al final de cada día y se preguntan cómo sobrevivirán otro día. Pero lo hacen, por el amor que sienten por su bebé. Son incansables en su búsqueda de respuestas.

A pesar de todo lo que han sufrido, mis clientes están entre los afortunados. La mayoría son capaces de revertir la aversión alimenticia de su bebé y volver a la alegría de ver cómo su bebé se excita al ver un biberón cuando tiene hambre, y se alimenta contento en sus brazos.

Lo que me entristece es que innumerables familias no tienen tanta suerte. La causa de la aversión del bebé a alimentarse con biberón no se identifica o no se controla eficazmente, por lo que continúa, o como suele suceder, se deteriora aún más. El niño también puede volverse reacio a comer sólidos, experimenta problemas de crecimiento y, para un pequeño porcentaje, requiere alimentación por sonda.

No planeo ofrecer consultas para siempre. Y el número que puedo proporcionar será menor a medida que lleguen más nietos, mi esposo se jubile y viajemos más. Así que antes de estar demasiado ocupada o demasiado vieja para pasar meses escribiendo lo que he aprendido, decidí que tenía que escribir este libro. Lo hago con la esperanza de poder ayudar a que aún más bebés vuelvan a disfrutar de una alimentación agradable. Es muy importante para toda su familia que lo hagan.

Si la vida de su familia está cargada como resultado de la aversión de su bebé a la alimentación con biberón, realmente espero que encuentre las respuestas que busca en estas páginas. Creo que lo hará.

AGRADECIMIENTOS

Muchos padres compartieron su tiempo, y a menudo sus lágrimas, para contar las historias de este libro. Me siento humilde por su demostración de fe al permitirme guiarlos fuera de la pesadilla que sufrieron durante semanas o meses como resultado de la aversión alimenticia de su bebé. Me siento privilegiada de haberme convertido en parte de su historia. Les doy las gracias a todos ellos.

Sin embargo, no habría contado ninguna de sus historias si no fuera por mi hijo, Hayden Bennett. Hayden me animó a publicar un artículo sobre la aversión a la alimentación en mi sitio web. Una vez hecho esto, el número de casos de aversión a la alimentación con los que estuve involucrada aumentó significativamente. La confianza que gané al ayudar a cientos de padres a resolver con éxito la aversión alimentaria de su bebé, me ha permitido escribir este libro.

También me gustaría dar las gracias a mi editora, Jessica Perini. Sin su apoyo y guía, no estoy segura de si habría completado este libro. Aunque tengo una amplia experiencia en aconsejar verbalmente a los padres cómo resolver la aversión de su bebé al biberón, escribir sobre ello era otra cosa. Hubo momentos en que me sentí perdida en la complejidad de escribir sobre este problema. Jessica tiene una perspicacia increíble. Aunque no estaba familiarizada con el tema, pudo ver el panorama general y guiarme.

INTRODUCCIÓN

La Historia de Sara

Hemos intentado todo para arreglar el problema de alimentación de Jacobo. Hemos visto a un pediatra, un especialista en gastroenterología, un otorrinolaringólogo, un patólogo del habla y del lenguaje, un terapeuta ocupacional, hemos probado tres medicamentos, cuatro fórmulas para bebés y cada biberón y tetina diferentes que hemos podido encontrar, pero nada ha funcionado. Ya que Jacobo se ve saludable y su peso está bien, su médico le dijo: "Sigue haciendo lo que estás haciendo". Fui a casa y me eché a llorar. Estoy en el límite. No sé cuánto tiempo más podré seguir adelante.

La alimentación de Jacobo rige nuestras vidas. No podemos dejar la casa porque no quiero perder la oportunidad de alimentarlo. Grita cuando lo pongo en posición de alimentación. Cada comida es una batalla que termina con las lágrimas de ambos. No está durmiendo bien porque tengo que tratar de alimentarlo mientras duerme si no bebe lo suficiente mientras está despierto. A menudo se despierta mientras trato de alimentarlo. Me siento como si estuviera en un estado constante de ansiedad. Incluso cuando no se está alimentando, estoy pensando en su última comida y en si comerá o no la siguiente. No duermo porque me despierto en la noche y me preocupa cómo será el día siguiente. Me preocupa que se deshidrate o enferme si no puedo darle suficiente leche. Cuento cada onza, y cuántas oportunidades más habrá para darle otro alimento antes de acostarse. Me preocupa cómo el estrés está afectando nuestra relación. Temo que aprenda a odiarme. No sé cómo voy a volver a trabajar porque él no quiere comer para nadie más que para mí. Si no trabajo, no podremos pagar la hipoteca. Mi estado de ánimo cambia dependiendo de si Jacob ha tenido un buen día de alimentación o no. Me han diagnosticado depresión, pero honestamente creo que si Jacobo se estuviera alimentando mejor, me sentiría bien.

Si la historia de Sara suena similar a la suya, podría ser que su bebé haya desarrollado una aversión a la alimentación con biberón. Si ese es el caso, entonces este libro es para usted.

Aversión a la alimentación con biberón

Una aversión se refiere a una **respuesta psicológica o emocional** en la que una persona trata de evitar un objeto o una situación. Una fobia a la alimentación es otro término que a veces se utiliza para explicar la angustia del bebé y la forma en que evita alimentarse.

Los bebés se vuelven aprensivos o temerosos si la experiencia de alimentarse es a menudo desagradable, estresante o dolorosa.

Los bebés de tan solo dos meses de edad intentarán evitar una situación que temen. A medida que los bebés maduran, su memoria se desarrolla, se vuelven cada vez más conscientes de su entorno y de las circunstancias que rodean la alimentación, y se vuelven más hábiles para evitar la alimentación si así lo deciden. Los bebés que han desarrollado una aversión a la alimentación parecen preferir morir de hambre antes que comer. Una vez que se muestran reacios a alimentarse, no comen lo suficiente, excepto cuando duermen, y la alimentación durante el sueño finalmente se vuelve ineficaz.

La aversión a la alimentación de los bebés es uno de los problemas más estresantes, confusos, frustrantes y complejos que un padre puede enfrentar. Como resultado, los padres a menudo pierden la confianza en su capacidad de ser padres y cuestionan cada decisión que toman con respecto a la alimentación de su bebé.

Se calcula que entre el 25 y el 45 por ciento de los bebés en desarrollo normal tienen problemas de alimentación[1]. Esto incluye todas las formas de aversión a la alimentación– alimentación con biberón, lactancia materna y sólidos – además de otros problemas de alimentación experimentados por los bebés **que son capaces de alimentarse**.

No se ha establecido el porcentaje de bebés que sufren de aversión a la alimentación con biberón. Una razón podría ser porque **es un problema poco reconocido**. Muchas personas asumen erróneamente que los bebés son demasiado pequeños para desarrollar una respuesta psicológica negativa a las experiencias que ocurren mientras se alimentan. En consecuencia, esto limita su búsqueda de razones y soluciones a la conducta de alimentación angustiada de los bebés a causas físicas o médicas.

El no identificar con precisión la causa resulta en planes de tratamiento ineficaces. Esto significa que la aversión alimentaria de un bebé puede continuar durante meses o años. Si la causa de la aversión al biberón del bebé no es identificada y corregida, la misma causa puede llevar a una aversión a comer alimentos sólidos también.

La buena noticia es que **la aversión a la alimentación es un problema reversible**. Si aún no se le ha presentado una solución eficaz – de ahí que esté leyendo este libro – es posible que la razón de la conducta de oposición a la alimentación de su bebé aún no se haya identificado correctamente, o que haya varias causas involucradas, o que las estrategias recomendadas hasta ahora no sean útiles o sean contraproducentes.

Como no ha recibido respuestas de los diferentes profesionales de la salud que ya ha consultado, le corresponde a usted descubrir la causa y la solución. Este libro puede mostrarle cómo.

ADVERTENCIA: Si su bebé es reacio a la alimentación con biberón, la forma en que usted ha estado manejando su alimentación puede haber contribuido a este problema. Esta comprensión podría ser muy perturbadora. No se desespere, la ayuda está aquí.

¿Qué hay en este libro?

Aunque **su objetivo** al leer este libro es encontrar una manera de que su bebé disfrute de la alimentación con biberón y coma lo suficiente para un crecimiento saludable – **mi objetivo** al escribir este libro es que usted logre esto y mucho más. Espero que usted obtenga una mayor comprensión de las necesidades de su bebé y una conexión más profunda con él como resultado de lo que aprende en este libro.

El conocimiento es la clave para resolver la aversión alimenticia de su bebé. El problema es que no sabemos lo que no sabemos. Este libro está diseñado para proporcionar la información que tal vez no sepa que se está perdiendo. Los capítulos se dividen en tres partes:

- Parte A: Identificar la causa
- Parte B: Corregir las percepciones erróneas
- Parte C: Soluciones

Le animo a que lea todos los capítulos en orden, ya que están estructurados para ayudarle a entender la situación, a prepararse para las soluciones que siguen y a mejorar sus posibilidades de resolver con éxito la aversión alimentaria de su bebé.

Aquí hay una muestra de lo que contiene cada parte.

Parte A: Identificar la causa

La solución de la aversión a la alimentación de un bebé depende de la identificación **precisa** de la causa. Las muchas causas posibles se pueden dividir en dos grandes grupos:

1. Las razones **conductuales** (también llamadas psicológicas) incluyen experiencias de alimentación desagradables y estresantes **sin** dolor.
2. Las razones **físicas** incluyen problemas físicos o condiciones médicas que hacen que la alimentación sea incómoda o dolorosa.

Razones Conductuales

La razón más común de todas las razones conductuales para que los bebés y los niños se vuelvan reacios a alimentarse o a comer es porque se les presiona o se les obliga a comer en contra de su voluntad. Esto hace que la experiencia de la alimentación con biberón sea angustiante para los bebés (y los padres). Cuando se repite, el bebé aprende a anticipar la presión y se pone tenso y molesto tan pronto como reconoce las circunstancias en las que ha sido presionado en el pasado. Esto puede ocurrir cuando se le coloca un babero alrededor del cuello, cuando se le coloca en una posición de alimentación o después de haber eructado.

A ningún padre le gusta presionar u obligar a su bebé a alimentarse. Pero algunos lo hacen por preocupación amorosa porque temen que algo malo le suceda al bebé si no se aseguran de que coma la cantidad esperada.

Diagrama: Ciclo de miedo-presión-temor-evitación

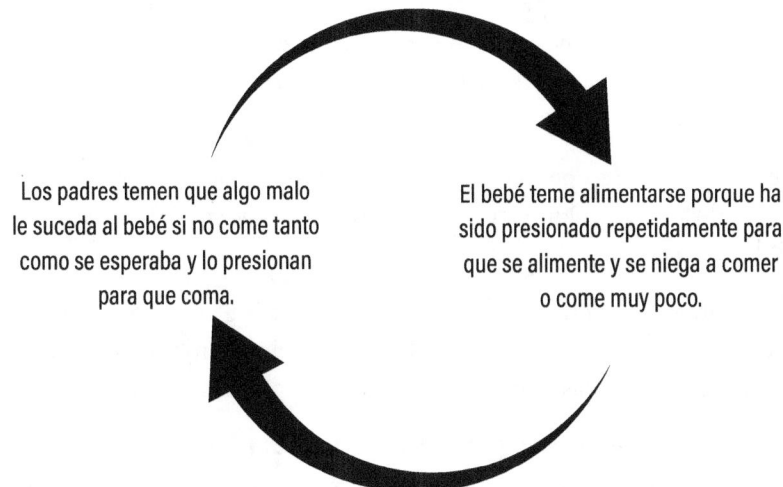

Los padres temen que algo malo le suceda al bebé si no come tanto como se esperaba y lo presionan para que coma.

El bebé teme alimentarse porque ha sido presionado repetidamente para que se alimente y se niega a comer o come muy poco.

Cuanto más presionado esté el bebé, más tratará de evitar la alimentación. Cuanto más trata de evitar la alimentación, más ansiosos se ponen los padres y más presión ejercen para que se alimente, más tiempo tarda en alimentarse, y más estresante se vuelve la situación para todos los involucrados. Cuanto más se presione o se obligue a un bebé a alimentarse, mayores serán las probabilidades de que se vuelva reacio a la alimentación.

Si bien la causa más común es la presión para alimentarse, los bebés pueden tener miedo de alimentarse por otras razones, como episodios repetidos de asfixia, el recuerdo de procedimientos médicos dolorosos o estresantes que involucran la boca o la cara del bebé (aunque la alimentación no esté causando dolor, teme que lo haga) y problemas de procesamiento sensorial.

Razones físicas

Hay una serie de problemas físicos que, **si no se tratan**, pueden causar dolor o molestias durante la alimentación y, como resultado, hacen que el bebé se vuelva reacio a alimentarse. Estos incluyen:

- reflujo ácido
- alergia o intolerancia a las proteínas de la leche o
- gastroparesia (tiempo de vaciado gástrico retardado).

Solo un **pequeño** porcentaje de bebés sufren de estas afecciones, pero un **gran** porcentaje de bebés que se vuelven reacios a alimentarse son diagnosticados con estas afecciones y otras durante breves consultas médicas. El sobrediagnóstico de estos problemas con respecto a los bebés ocurre porque la gente en general, incluyendo la mayoría de los médicos, no están conscientes de las razones conductuales y las soluciones para la alimentación de los bebés y los problemas de sueño.

Si su búsqueda de respuestas a la aversión alimenticia de su bebé no ha proporcionado una solución efectiva, es hora de considerar TODAS las causas posibles.

Los capítulos 1 a 4 proporcionan información sobre cómo reconocer o descartar varias causas de la aversión a la alimentación con biberón, y señalan la razón o razones por las que su bebé ya no disfruta de la alimentación.

Parte B: Corregir las percepciones erróneas

Todas las personas que conozca tendrán una opinión sobre la causa y la solución de los problemas de alimentación de su bebé. Es posible que ya haya recibido asesoramiento de varias fuentes.

Hay cuatro áreas en particular en las que los profesionales de la salud cometen errores y, en consecuencia, los padres están mal aconsejados. Estos errores pueden causar o perpetuar la aversión a la alimentación infantil.

- **Error 1:** A los padres se les enseña a controlar en lugar de apoyar la alimentación de su bebé.
- **Error 2:** Las necesidades de leche del bebé están sobreestimadas.
- **Error 3:** Las variaciones normales de crecimiento se confunden con un crecimiento deficiente.
- **Error 4:** Se supone que el crecimiento deficiente – ya sea real o percibido – se debe a que el bebé no está comiendo lo suficiente.

Los bebés que no siguen un patrón de crecimiento típico, como los bebés prematuros, los bebés con crecimiento intrauterino restringido (RCIU), los bebés con estatura genéticamente baja, los bebés que nacen muy grandes, los bebés que se sobrealimentan o se alimentan insuficientemente en las primeras semanas, los bebés genéticamente delgados y otros tienen un mayor riesgo de desarrollar una aversión a la alimentación por las razones anteriores.

A medida que lea las páginas de este libro, notará numerosos ejemplos de profesionales de la salud que se equivocan, de suposiciones erróneas, de diagnósticos erróneos y de consejos inadecuados que se dan a los padres. Reconozco que solo me consultan sobre casos de aversión a la alimentación que otros profesionales de la salud han sido incapaces de resolver. No llego a ver a las innumerables familias que reciben un diagnóstico correcto y buenos consejos de sus profesionales de la salud.

Si usted está leyendo este libro, es posible que tenga percepciones erróneas acerca de sus responsabilidades al alimentar a su bebé o que haya sido mal informada acerca de las necesidades de leche de su bebé o del crecimiento esperado. Si no se identifican y corrigen las creencias erróneas, esto puede impedir que usted haga los cambios en las prácticas de alimentación infantil necesarios para resolver la aversión de su bebé.

Los capítulos 5 a 9 pueden ayudarle a definir sus responsabilidades al alimentar a su bebé, aclarar sus expectativas con respecto a sus necesidades de leche y crecimiento, y comprender mejor por qué se ha desarrollado esta desafortunada situación

Parte C: Soluciones

Sé que le encantaría una cura que de repente cambie a su bebé de la evasión a la alimentación voluntaria. Pero eso no sucede en el caso de una aversión a la alimentación. La aversión a la alimentación puede resolverse, pero no hay una solución rápida.

Independientemente de la causa original de la negativa de un bebé a alimentarse, es probable que se le haya presionado para que se alimente de manera sutil u obvia. El ciclo de miedo-presión-temor-evitación daña la relación de alimentación entre padres e hijos, pero no de manera irrevocable. Normalmente hay una pérdida de confianza en ambos lados. El padre no confía en que el bebé coma lo suficiente para un crecimiento saludable y el bebé no confía en que un padre o ambos padres respondan en armonía con sus deseos. Incluso después de que los padres dejan de presionar a su bebé para que coma, toma tiempo restaurar la confianza del bebé. Y la confianza debe ser restaurada antes de que el bebé coma lo suficiente para un crecimiento saludable.

Los Capítulos 9 al 15 describen mis **Cinco Pasos para el Éxito** que incluyen reglas de alimentación y recomendaciones para ayudar a su bebé a superar su miedo a alimentarse y aprender que la alimentación es agradable. También se incluye qué esperar a medida que su bebé se recupera, cómo apoyar el sueño del bebé durante todo el proceso, cómo saber si las cosas van por buen camino, qué hacer si no van por buen camino, y cómo será la vida cuando el bebé supere su aversión.

Nota: Todos los estudios de caso en este libro son reales, pero los nombres han sido cambiados. Las palabras 'él' y 'ella' se usan en capítulos alternos. El término "padres" también se aplica a los cuidadores que alimentan a bebés

Como profesional de la salud, sé la importancia de la práctica basada en la evidencia. Sin embargo, se escribe tan poco sobre la aversión a la alimentación con biberón, como sin duda también han descubierto. Así que las referencias serán escasas. **Mis reglas de alimentación** tienen una sólida base de evidencia que respalda su efectividad como una forma de fomentar relaciones saludables con los alimentos y la alimentación. (Encontrará referencias en la parte posterior de este libro.)

Mis recomendaciones de alimentación se basan en muchos años de experiencia, aprendiendo lo que funciona y lo que no funciona, y ajustando los planes de alimentación hasta lograr una alta tasa de éxito.

¿Quién puede encontrar este libro útil?

- **Los bebés** se beneficiarán más si sus padres leen este libro y adaptan sus prácticas de alimentación infantil de manera que promuevan el disfrute de la alimentación de su bebé.
- **Los padres** de bebés que son reacios a la alimentación con biberón comprenderán mejor cómo influyen en el comportamiento alimentario de su bebé para bien o para mal, y cómo poner fin a la pesadilla de la aversión a la alimentación de un bebé.
- **Los Profesionales de la salud** a los que se les pide que aconsejen sobre la razón del rechazo del biberón y/o que den consejos sobre la alimentación de los bebés a los padres, como médicos generales, pediatras, especialistas en pediatría, parteras, enfermeras pediátricas, enfermeras de salud comunitaria, patólogos del habla y del lenguaje, terapeutas ocupacionales y dietistas pediátricos, pueden lograr una mayor comprensión de las razones de comportamiento y de las soluciones para la aversión a la alimentación de los bebés
- **Los trabajadores de cuidado infantil** que entran en contacto con bebés que son reacios a la alimentación con biberón pueden ser más conscientes de la aversión a la alimentación infantil y, como resultado, ayudar a los bebés que cuidan informando a los padres sobre la posibilidad de este problema.

¿Qué es lo que no está cubierto en este libro?

Este libro es específico para la aversión al biberón. Si bien muchos de los principios rectores se aplican a otras formas de alimentación, como la lactancia materna, los sólidos o la alimentación por sonda, no se incluyen otros métodos de alimentación.

Las recomendaciones de alimentación de este libro se aplican **a los bebés que tienen la capacidad física de alimentarse bien** con biberón, pero que actualmente se niegan a hacerlo porque son reacios a alimentarse. No se cubren las recomendaciones de alimentación para bebés con necesidades especiales, aquellos que tienen problemas neurológicos o discapacidades congénitas que les dificultan la alimentación. Sin embargo, los bebés con necesidades especiales están en mayor riesgo por razones físicas y de comportamiento para la aversión alimentaria. Por lo tanto, si su bebé con necesidades especiales se ha vuelto reacio a alimentarse, es posible que la información de este libro siga siendo válida.

PARTE A: Identificar la causa

1 CAUSAS DE AVERSIÓN A LA ALIMENTACIÓN CON BIBERÓN

> **CONTENIDO DEL CAPÍTULO**
> ¿Qué es una aversión a la alimentación?
> Signos de que el bebé puede ser reacio a alimentarse
> Comportamiento de alimentación conflictivo
> Por qué persiste el comportamiento de alimentación aversiva
> Causas
> Aversión oral versus aversión a la alimentación

Alimentar a Amelia (de cuatro meses de edad) se ha convertido en una pesadilla. Actúa como si quisiera envenenarla. Solo tengo que ponerla en mis brazos y se vuelve loca. No entiendo por qué. Solía engullir su comida hasta hace dos meses. Las cosas han empeorado mucho en el último mes. Ahora tengo que pelear con ella para que beba. Odio hacerlo, pero me preocupa mucho que termine con un tubo de alimentación. No sé qué hacer. Estoy desesperada. ¿Crees que puedes ayudar? – CORINA

Basado en la descripción de Corina, sospecho que Amelia ha desarrollado una aversión a la alimentación. Un bebé puede volverse reacio a la alimentación con biberón por numerosas razones. Antes de que Corina pueda remediar la situación, necesita averiguar qué es lo que preocupa a Amelia. Para lograr esto es necesario que aprenda lo que es la aversión a la alimentación, y las diversas razones por las que los bebés se vuelven reacios a alimentarse.

Veamos el primer paso vital para resolver la aversión a la alimentación de un bebé: **explorar todas las causas posibles**. Al hacerlo, usted puede comenzar el proceso de eliminarlos uno por uno hasta que haya identificado los factores desencadenantes que causan el comportamiento de aversión a la alimentación de su bebé.

¿Qué es una aversión a la alimentación?

Una aversión implica evitar una cosa o situación porque está asociada con un estímulo desagradable, estresante o doloroso. La aversión al biberón es cuando un bebé – **que puede alimentarse físicamente con biberón** – se niega parcial o totalmente a alimentarse. Los bebés pueden desarrollar aversión a la lactancia materna, a la alimentación con biberón y/o a comer alimentos sólidos. Algunos bebés se vuelven reacios a un solo método de alimentación, otros a dos o tres.

En el caso de una aversión a la alimentación, el comportamiento de oposición del bebé en los momentos de alimentación se convierte en una respuesta condicionada. Inicialmente, el bebé se altera en respuesta directa al **estímulo** – la cosa o circunstancia que causa que la experiencia de alimentación sea desagradable, estresante o dolorosa. Por ejemplo, el estrés asociado con ser presionado para alimentarse en contra de su voluntad, o el dolor al tragar causado por el reflujo ácido o la alergia a la leche. Después de la exposición repetida, aprende a relacionar el acto de alimentarse o comer con el estímulo (p. ej., ser presionado o sentir dolor) y se pone tenso o se altera en anticipación.

Señales

Si su bebé ha desarrollado una aversión a la alimentación con biberón, podría mostrar algunos de los siguientes comportamientos:

- Parece hambriento pero se niega a comer.
- Come a regañadientes solo cuando está hambriento y luego toma solo una pequeña cantidad.
- Se pone tenso, llora o grita cuando se le coloca un babero alrededor del cuello, cuando se le coloca en una posición de alimentación, cuando se le muestra el biberón, o después de dejar de eructar.
- Cierra la boca y aleja la cabeza de la botella.
- Toma unos cuantos sorbos o una pequeña porción de leche y se aleja o se arquea hacia atrás y comienza a llorar.
- Consume menos leche de lo esperado.
- Evita el contacto visual durante la alimentación.
- Rechaza la alimentación mientras se sostiene en los brazos.
- Mueve el pezón alrededor de la boca con la lengua y se niega a beber.
- Lucha por alimentarse con cada gramo de su fuerza hasta que esté demasiado cansado para seguir luchando.
- Se alimenta solo cuando está somnoliento o dormido.
- Acepta leche de un gotero, jeringa, cuchara o taza para sorber o come con entusiasmo alimentos sólidos después de negarse a beber del biberón.
- Muestra un crecimiento deficiente o ha sido diagnosticado como "retraso en el desarrollo".

El tipo e intensidad del comportamiento varía entre los bebés. Esto se relaciona con la edad del bebé, su temperamento y el tiempo que los padres dedican a la alimentación de su bebé.

> **Comportamiento conflictivo**
>
> Los bebés que tienen aversión a la alimentación a menudo muestran un comportamiento alimentario conflictivo. 'Conflictivo' porque parece que el bebé no sabe lo que quiere hacer. Está tenso, pero acepta la botella, chupa unas cuantas veces, se da la vuelta o arquea la espalda en un estado de agitación. En cuestión de segundos se da la vuelta e indica que quiere la botella de nuevo. Toma unas cuantas chupadas más, se aleja molesto, pero regresa rápidamente y así sucesivamente. Podría repetir este comportamiento a lo largo de la alimentación o hasta que se sienta somnoliento, momento en el cual podría alimentarse bien.

Por qué persiste la conducta de alimentación aversiva

El comportamiento que se refuerza continuará. Si el comportamiento de alimentación evasiva de un bebé ya no se refuerza, se desvanecerá gradualmente en intensidad y desaparecerá en cuestión de días o semanas.

Una clave esencial para resolver la aversión alimenticia de su bebé es **identificar con precisión y eliminar el estímulo**. El no hacerlo significa que su comportamiento podría continuar siendo reforzado durante semanas, meses o años.

La identificación precisa del estímulo requiere una evaluación **exhaustiva**. El hecho de que el bebé se inquiete **antes del** estímulo hace que sea difícil averiguar a qué está reaccionando el bebé. Solo el bebé sabe lo que le molesta y no puede decírselo a nadie. Otros solo pueden hacer **suposiciones** o **conjeturas** sobre la causa. Cuánta información recopilan sobre las circunstancias que rodean el comportamiento de alimentación evasiva del bebé, en particular cómo actúan los padres **antes y después** de que el bebé se oponga a la alimentación y cómo se comporta a veces sin relación con la alimentación, determinará si su suposición es una puñalada en la oscuridad o en el blanco.

Un libro no es el primer lugar donde cualquier padre buscaría respuestas a un problema de alimentación infantil. Probablemente ha consultado con uno o varios profesionales de la salud en su búsqueda de una solución. Por lo tanto, es posible que su bebé ya haya recibido uno o más diagnósticos para explicar por qué trata de evitar la alimentación. Si su comportamiento de alimentación aversivo ha continuado semanas después de comenzar el tratamiento o la terapia de alimentación, esto indica que su comportamiento sigue siendo reforzado. Una o ambas de las siguientes razones podrían ser las responsables:

- una suposición errónea sobre la causa o
- tratamiento ineficaz o eliminación de la causa

El primer paso es determinar con precisión la causa.

Causas

El comportamiento aversivo puede ser desencadenado por un solo evento altamente traumático. Pero con mayor frecuencia los bebés se vuelven reacios a alimentarse porque están expuestos repetidamente a experiencias de alimentación que son desagradables, estresantes o dolorosas.

Los bebés pueden sentirse molestos, asustados o estresados en las horas de alimentación por diferentes razones, entre ellas:

- ser presionado para alimentarse
- fórmula de sabor amargo, leche materna o medicamentos
- dolor
- episodios de asfixia
- traumatismo médico
- desorden de procesamiento sensorial.

Examinaremos estas causas a continuación.

Ser presionado para alimentarse

Todos lo hemos hecho en algún momento. Creemos que estamos animando al bebé a tomar un poco más porque no creemos que haya tenido suficiente. Pero en realidad estamos usando formas de presión suaves o no tan suaves para hacer que se alimente después de que indique que quiere dejar de hacerlo. Incluso las formas sutiles de presión – consideradas comúnmente como 'aliento' o 'ayuda' al bebé a alimentarse – pueden ser suficientes para causar y/o reforzar la aversión alimentaria del bebé.

Presionar a un bebé o a un niño para que se alimente o coma es LA causa más común de la aversión a la alimentación. La mayoría de las veces encuentro que la presión es **la causa original y única** del comportamiento alimenticio evasivo de un bebé. Sin embargo, la presión también puede ser una causa **secundaria** que refuerza la aversión del bebé mucho después de que la causa original se haya resuelto. Por ejemplo, un bebé podría objetar originalmente la alimentación debido al dolor asociado con el reflujo ácido. En respuesta a su negativa a alimentarse, sus padres le presionan. El dolor se alivia efectivamente con medicamentos, pero su objeción a la alimentación continúa porque ahora ha aprendido a vincular la alimentación con el estrés de ser presionado para alimentarse.

Ser presionado para alimentarse fue la causa original y única del comportamiento alimenticio repugnante de Madison. Su madre, Isabelle, describió la situación a continuación.

Comentarios de Isabelle

A partir de la sexta semana Maddy empezó a rechazar la botella a pesar de mostrar signos de hambre. La situación ha empeorado desde entonces. Ella estaba tomando 28 onzas (oz) hasta la semana nueve y desde entonces es de 21 onzas en promedio. Cuando ella empezó a rechazar, pensamos que podría estar relacionado con el reflujo silencioso. El médico de cabecera recetó Gaviscon (un antiácido) y luego Ranitidine (un medicamento que suprime el ácido) para ver si estos podían solucionar el problema. Estuvo con Ranitidina durante un mes, pero no hubo mejoría.

El mes pasado fuimos referidos a un pediatra que nos sugirió que le diéramos Elecare (una fórmula hipoalergénica) y Omeprazol (un medicamento supresor de ácido aún más potente). Odiaba el sabor de Elecare, e incluso, lo rechazaba en los alimentos para dormir, que hasta entonces había sido la única vez que conseguimos que bebiera una cantidad decente. Solo conseguimos cambiar completamente su fórmula la semana pasada. Pero desde que está con el Elecare y el Omeprazol no ha habido ninguna mejora tampoco, y el proceso de alimentación sigue siendo muy difícil. También la llevamos a un quiropráctico (cuatro veces en total en un período de seis semanas). Hubo una mejoría a corto plazo después de las primeras dos citas en cuanto a su apariencia un poco más tranquila. Sin embargo, esto no duró mucho y los nombramientos posteriores no han mejorado.

Ahora (de cuatro meses de edad) Maddy reacciona agresivamente desde el momento en que la recogemos para sostenerla y alimentarla. A menudo reacciona así incluso cuando no es hora de comer. Típicamente, endereza las piernas, arquea la espalda, gira la cabeza de lado a lado mientras grita y rechaza la botella. Si dejamos de alimentarla y cambiamos su posición, deja de gritar pero sigue llorando porque tiene hambre. La única manera de conseguir que se alimente es mecerla para que se duerma primero, y luego alimentarse. Sin embargo, conseguir que se duerma cuando está angustiada por el hambre es un proceso muy largo y difícil. Puede tomar hasta 90 minutos para que se duerma y finalmente conseguir que se beba la leche. Por la noche es más fácil. Las noches han sido buenas en comparación con el día. Por la noche se alimenta muy bien. Aunque sentimos que esto se debe a que está medio dormida, al menos nos ha permitido descansar un poco, ya que su alimentación diaria se ha vuelto increíblemente difícil de manejar.

Estoy desesperada por que Maddy se alimente como un bebé normal sin estrés mientras está despierta. Me gustaría recuperar algo de normalidad en nuestras vidas sin el largo proceso de alimentación y poder hacer otras cosas. Me gustaría volver a sentirme segura cuando alimente a mi bebé y salir más sin preocuparme por alimentarla mientras estoy fuera de casa.

Los problemas de alimentación de Maddy eran conductuales. Ella reaccionó de esta manera porque Lauren pasó por alto sus señales que indicaban que había terminado de comer mientras trataba de hacer que bebiera la cantidad recomendada en la lata de la fórmula. Como resultado de ser presionada repetidamente para comer, Maddy se volvió reacia a alimentarse y luego no comía lo suficiente. Maddy no tenía reflujo ácido ni intolerancia a las proteínas de la leche. Una vez que su aversión a la alimentación se resolvió utilizando los métodos descritos en este libro, se suspendieron los medicamentos y se la volvió a cambiar a una fórmula regular para bebés sin efectos adversos.

La palabra "presión" se describe con más detalle en el capítulo 3.

Medicamento de sabor amargo, fórmula o leche materna

Los medicamentos de sabor desagradable que se administran directamente antes de amamantar o que se administran con dispositivos en forma de tetina, o que se agregan al biberón pueden causar rechazo de los biberones, más aún si el bebé se ve forzado a tomar el medicamento.

Un cambio repentino del sabor dulce de la leche materna a la fórmula infantil o al sabor amargo de la fórmula hipoalergénica puede hacer que el bebé rechace la comida. Si bien el sabor desagradable de una nueva fórmula puede causar que el bebé rechace inicialmente la alimentación con biberón, por lo general, el bebé la aceptará siempre y cuando no se sienta presionado para que la alimente. Sin embargo, la oposición al cambio de sabor podría llevar a que el bebé sea presionado a comer. Es más probable que el rechazo a la alimentación a largo plazo se deba a la presión que al sabor de la fórmula.

La leche materna típicamente tiene un sabor dulce. Sin embargo, un pequeño porcentaje de madres lactantes producen cantidades excesivas de lipasa en su leche materna (la lipasa es una enzima que descompone las grasas de la leche materna para ayudar al bebé a digerirla). La descomposición de las grasas comienza poco después de bombear la leche. Cuando la lipasa es excesiva, este proceso se produce más rápidamente haciendo que la leche huela o tenga un sabor rancio, jabonoso o metálico. La leche es segura para que el bebé la beba, pero a algunos bebés no les gusta el sabor. Para algunas mujeres solo se necesitan unas pocas horas antes de que las grasas de la leche se descompongan lo suficiente como para alterar el sabor, para otras podría ser de 24 horas. Afortunadamente, la lipasa puede ser inactivada a altas temperaturas, y la leche puede ser almacenada con seguridad en un refrigerador o congelador. La leche debe escaldarse antes de la congelación, ya que la lipasa sigue activa incluso a bajas temperaturas. Si la leche materna extraída no huele agria o rancia claramente, entonces el sabor probablemente no es la razón por la que su bebé se queja o rechaza la alimentación con biberón.

Dolor

Una serie de problemas físicos y condiciones médicas pueden hacer que sea doloroso para los bebés alimentarse y causar miedo a la alimentación. Las siguientes condiciones son comúnmente culpadas, pero rara vez responsables, por el comportamiento de alimentación aversivo de los bebés:

- reflujo ácido
- alergia o intolerancia a la leche
- gastroparesia (retraso en el vaciado gástrico)
- estreñimiento
- úlceras bucales
- candidiasis oral y
- dentición.

El Capítulo 4 explica cómo puede saber si estas condiciones son la causa del comportamiento de alimentación evasiva de su bebé.

Episodios de asfixia

Un bebé puede rechazar la alimentación debido al miedo como resultado de un solo episodio traumático de asfixia o de episodios repetidos de asfixia. Si la causa fuera la asfixia, entonces el bebé exhibiría un comportamiento repugnante inmediatamente después del evento. Pero recuerde, el comportamiento debe ser reforzado. Por lo tanto, si el bebé experimenta comidas repetidas en las que no se ahoga, sus sentimientos negativos sobre la alimentación disminuirán y desaparecerán. Por otro lado, si periódicamente experimenta episodios de ahogamiento más estresantes, esto podría reforzar su determinación de evitar la alimentación y el estrés asociado con el ahogamiento. El Capítulo 2 explica cómo prevenir los episodios de asfixia.

Traumatismo Médico

Las intervenciones médicas desagradables o invasivas, como la aspiración nasal u oral, la inserción de sondas de alimentación o la intubación, pueden provocar que el bebé se asuste cuando algo se le acerca a la cara. De estas experiencias puede aprender que las cosas que tocan su cara o la boca le causan dolor, y por eso se molesta cuando se le coloca la tetina de un biberón en la boca.

Si el comportamiento de alimentación evasiva de un bebé se debe a estas razones, este mostrará dicho comportamiento **inmediatamente** después del evento. Su comportamiento puede ser reforzado mientras se repiten estos procedimientos. Tenga la seguridad de que una vez que estos eventos pasen, cualquier renuencia a alimentarse causada por estos procedimientos también pasará en días o semanas.

Trastorno del procesamiento sensorial

Los bebés pueden desarrollar una **aversión oral** debido a un **trastorno de procesamiento sensorial**. Los bebés que tienen este trastorno perciben las sensaciones de manera diferente a los demás y se alteran por situaciones y cosas que no molestan a la mayoría de los demás bebés. Pueden encontrar que un olor, sabor o sensación particular de ciertos alimentos o la sensación de la tetina del biberón y otros objetos en su boca son objetables. O pueden ser menos conscientes o hipersensibles a la sensación de hambre.

Los bebés a los que se les ha **diagnosticado formalmente** un trastorno de procesamiento sensorial – basado en tipos específicos de comportamiento que apuntan a este problema – pueden beneficiarse del tratamiento proporcionado por un terapeuta ocupacional. Cuando se cree que un bebé está preocupado por la sensación de tener el pezón de un biberón en la boca, el tratamiento puede incluir la colocación de un Oro-Navigator o una punta de sonda, que se parecen un poco a un cepillo de dientes de goma con crestas o protuberancias en lugar de cerdas, en la boca del bebé para desensibilizarlo a la sensación de las cosas en su boca.

> ### Aversión oral versus aversión a la alimentación
> La aversión oral **no** es lo mismo que la aversión a la alimentación. En el caso de una aversión oral, un bebé típicamente se opone a **cualquier** cosa en su boca, incluyendo el pezón de un biberón. Mientras que en el caso de una aversión a la alimentación con biberón, el bebé está contento de tener cosas en la boca siempre y cuando no sea la tetina de un biberón (o el pecho o los sólidos en el caso de este tipo de aversión a la alimentación) lo que ha aprendido a asociar con el estrés o el dolor.

Es común el diagnóstico erróneo de un trastorno de procesamiento sensorial o aversión oral como la causa del comportamiento de alimentación aversivo de un bebé que se desarrolla como resultado de ser presionado repetidamente para alimentarse. En el caso de la aversión a la alimentación con biberón, rara vez se relaciona la causa del rechazo a la alimentación con la sensación del pezón en la boca del bebé o con un trastorno de procesamiento sensorial. Si su bebé tiene un historial de alimentarse bien, además de que también está dispuesto a tener otras cosas en la boca, como un chupón, dedos, juguetes, es poco probable que su negativa a beber del biberón se deba a la aversión oral.

Un trastorno de procesamiento sensorial es **una de las causas menos comunes** de aversión a la alimentación. No es posible diagnosticar con precisión un trastorno de procesamiento sensorial basado en el comportamiento de alimentación aversivo de un bebé **antes** de que se haya implementado la terapia de aversión a la alimentación conductual (como el proceso descrito en este libro) y se le haya **dado tiempo suficiente** para revertir cualquier sentimiento negativo que el bebé tenga sobre la alimentación.

Si la causa del comportamiento de alimentación aversivo de su bebé se debe a la presión u otra razón, el tratamiento de desensibilización para la aversión oral es inútil y potencialmente contraproducente. Poner cosas en la boca de su bebé sin su permiso podría reforzar su comportamiento de alimentación aversiva.

Otras causas

Los bebés pueden encontrar que la alimentación es desagradable, atemorizante o estresante por otras razones. Por ejemplo, alimentarse en un ambiente altamente estimulante, ruido fuerte, mucha gente hablando, un niño pequeño tocándolo periódicamente, golpeándolo o empujándolo mientras se alimenta, y más. Cualquier situación de alimentación que haga que el bebé se altere, se asuste o se estrese cuando se repita puede desencadenar la aprensión en torno a la alimentación o la aversión a la alimentación.

Identificar la causa

Una solución **eficaz** a la aversión a la alimentación de un bebé significa que cualquier estrategia o tratamiento de alimentación DEBE eliminar el estímulo que refuerza la negativa del bebé a alimentarse. La razón más probable por la que aún no ha encontrado una solución es porque el desencadenante de la resistencia continua de su bebé a la alimentación aún no se ha identificado o no se ha eliminado de manera efectiva.

Aunque cualquiera de las causas mencionadas podría ser la razón por la que un bebé se opone primero a la alimentación, **en el 100 por ciento de los casos de alimentación con biberón con los que he estado involucrada, el bebé se sintió presionado para que se alimentara.** Sin embargo, no todos los padres sabían que las estrategias de alimentación infantil que empleaban implicaban presión. En la mayoría de los casos, la presión fue la causa original. En algunos casos, la presión reforzó el comportamiento de alimentación aversivo del bebé mucho después de que la causa original había pasado o había sido tratada efectivamente.

Antes de identificar si la presión está reforzando el comportamiento de alimentación oposicional de su bebé, es importante descartar los problemas de succión. En el Capítulo 2 se explica lo que hay que buscar.

2 DESCARTAR LOS PROBLEMAS DE SUCCIÓN

> Problemas graves de succión
> Barreras para la succión efectiva
> Elegir el equipo adecuado
> Resolver problemas de flujo de aire
> Asegurar una buena posición de alimentación

Cuando Mateo empezó a molestarse por primera vez durante la alimentación, pensé que tenía problemas para chupar. Probamos cada biberón y tetina que pudimos encontrar, pero no pareció hacer mucha diferencia. Lo llevé a un logopeda que me dijo que no parecía tener problemas para chupar. No sé cuál es su problema. - Raquel

Con la ayuda de un patólogo del habla y del lenguaje (SLP), Raquel ha determinado que Mateo no tiene problemas que le impidan succionar de una botella. Esto es bueno porque significa que Raquel ya no necesita preocuparse por la posibilidad de que Mateo **no pueda** alimentarse eficazmente. Ahora puede concentrarse en averiguar **por qué no quiere** alimentarse.

Algunos bebés pueden tener problemas graves de succión relacionados con su capacidad de succión o, más específicamente, con la incapacidad de succionar correctamente. También pueden experimentar frustración debido a problemas con el equipo o la forma en que se alimentan. Antes de confirmar si su bebé tiene aversión, debe descartar los problemas de succión. Pero no es necesario que vea a un terapeuta del habla para lograr esto. Una vez que usted sepa qué señales buscar, un problema de succión será aparente.

Si su bebé tiene un buen historial de alimentación antes de oponerse a la alimentación, o si actualmente se alimenta bien en un estado de sueño, probablemente no hay nada malo con el equipo de alimentación o su capacidad para succionar. Sin embargo, si tiene dudas o desea sentirse seguro de que ha cubierto todas las bases, siga leyendo.

Problemas graves de succión

Una serie de problemas físicos pueden impedir que el bebé se alimente bien:

- **Problemas estructurales,** lo que significa que el bebé tiene una anormalidad física que afecta su cara o boca, como paladar hendido, mandíbula pequeña o lengua atada.
- **Problemas funcionales** que impiden que el bebé succione correctamente. Los problemas que afectan el cerebro o el sistema nervioso del bebé, por ejemplo, parálisis cerebral, hemorragia cerebral, daño a los nervios o compresión debido a un parto traumático, pueden dar lugar a un patrón de succión, deglución y respiración descoordinadas, succión débil o ausencia del reflejo de succión del bebé.

Si su bebé tiene o ha tenido una anormalidad o impedimento que afecta su capacidad para coordinar la succión, la ingestión y la respiración, esto se habría identificado poco después del nacimiento. En este caso, es probable que un SLP ya esté involucrado en su cuidado.

Si su bebé tiene problemas de succión, la solución puede ser cuestión de:

- elegir el equipo de alimentación adecuado para facilitar la alimentación o
- engrosar sus alimentos para prevenir asfixia o
- cambiar a alimentos de alta energía para reducir el esfuerzo necesario para obtener las calorías que necesita para un crecimiento saludable o
- terapia de alimentación para mejorar su coordinación de succión.

El médico de su bebé o SLP le aconsejará sobre el curso de acción más apropiado.

Si tiene inquietudes o dudas sobre la capacidad de succión efectiva de su bebé, hable con su médico, quien puede remitirlo a un patólogo del habla y del lenguaje para que lo evalúe, si es necesario.

Barreras para una succión eficaz

Un bebé podría ser físicamente capaz de alimentarse bien y, sin embargo, se le podría impedir hacerlo debido a un equipo de alimentación inadecuado o defectuoso, a una mala posición o a problemas de flujo de aire. Para superar estas barreras potenciales, es posible que tenga necesidad de:

- elegir un equipo de alimentación adecuado
- asegurar un flujo de aire continuo dentro del biberón mientras el bebé se alimenta y
- proporcionar un apoyo posicional adecuado.

Elegir el equipo adecuado

Aunque un bebé puede ser físicamente capaz de alimentarse bien, un equipo defectuoso o inadecuado puede dificultar o imposibilitar una alimentación eficaz. Pero ¿cómo lo puede saber? Observando si hay comportamientos inusuales como chasquear, amordazar, toser o balbucear, o quedarse dormido antes de completar la alimentación. Tal comportamiento podría indicar un problema con el equipo.

Tamaño y forma del pezón

Un bebé podría **ahogarse** repetidamente si el eje del pezón (la parte que se encuentra en la boca del bebé) es demasiado largo. Podría hacer **sonidos de chasquidos** repetidos debido a la pérdida de succión si el eje es demasiado corto. Pero estas no son las únicas causas de las arcadas y los chasquidos. Las náuseas con o sin vómitos también son comunes cuando se obliga a un bebé a alimentarse y pueden convertirse en una respuesta condicionada como resultado de ser presionado repetidamente. El chasquido también puede estar relacionado con un paladar alto o con una forma inusual.

Hay muchos pezones de alimentación para elegir. La mayoría de los pezones encajan dentro de tres amplias categorías:

- **Cuello estrecho**. Estos tienen forma de campana y caben en una botella estrecha. Generalmente los recomiendo ya que la forma permite una abertura natural de la boca del bebé y el mango es generalmente de buena longitud para permitir que el bebé mantenga la succión cómodamente.
- **De amplia base**. Estos tienen una apariencia abovedada y caben en botellas de cuello ancho. No los recomiendo porque encuentro que la longitud del eje es demasiado corta para **algunos** bebés. Sin embargo, si su bebé parece succionar bien con un pezón de base ancha, no hay necesidad de cambiar.
- **Ortodoncia**. Estos fueron diseñados para llenar la boca del bebé mientras se alimenta. Algunos bebés prefieren la forma de estos pezones.

CONSEJO: No crea las afirmaciones de los fabricantes de que un pezón de alimentación en particular es igual que el pezón de una madre. Ningún pezón de látex o silicona artificial puede reproducir la forma y flexibilidad del pezón de una madre lactante.

Caudal

Si la velocidad a la que la leche fluye a través del orificio en el extremo del pezón es demasiado rápida, podría causar que el bebé **tosa o balbucee** y lo asuste. Incluso cuando un bebé parece tener que hacer frente a la velocidad de flujo, un pezón demasiado rápido podría hacer que **trague mucho aire**. La alimentación demasiado rápida (también llamada alimentación rápida) es una de las principales causas de sobrealimentación, como se describe en el Capítulo 5. Alternativamente, si la velocidad de flujo es demasiado lenta, podría **frustrarlo** o podría **cansarse y detenerse** antes de que haya tenido suficiente.

Los fabricantes suelen proporcionar una guía de las tasas de flujo etiquetando las tetinas como:

- **Prematuro**: para los bebés antes de que alcancen la fecha de nacimiento esperada
- **Lento, Recién nacido o Etapa 1**: para bebés desde el nacimiento hasta los tres meses.
- **Medio o Etapa 2**: para bebés de tres a seis meses
- **Rápido o Etapa 3**: para bebés mayores de seis meses.

Considérelos solo como **una guía**. Incluso si usted elige un pezón recomendado para la edad de su bebé, esto no significa que sea el adecuado para él. Los bebés de la misma edad varían en tamaño, fuerza y capacidad de succión. Algunos bebés chupan con más o menos vigor que otros. El tiempo que le toma a su bebé completar una alimentación, cuando se alimenta bien, puede darle una idea de si la tasa de flujo es adecuada o no.

¿Cuándo es el momento ideal de alimentación?

Como regla general, cuanto más joven sea el bebé, más lenta tendrá que ser la alimentación. Le recomiendo que tenga en cuenta los siguientes períodos de tiempo mientras alimenta a su bebé con biberón:

- **Desde el nacimiento hasta los tres meses**: De 20 a 40 minutos
- **De tres a seis meses:** De 10 a 20 minutos
- **En seis meses:** De 5 a 15 minutos.

Tenga en cuenta: Estos plazos no implican que este sea el tiempo que usted debe persistir en alimentar a su bebé. Más bien son una aproximación del tiempo que le puede tomar a su bebé **completar cómodamente un alimento de tamaño razonable** para su edad y tamaño, cuando se alimenta bien.

- **Si el bebé se alimenta demasiado rápido:** Elija un pezón más lento.

- **Si el bebé se alimenta muy lentamente:** Primero verifique que el problema no sea un mal posicionamiento o un problema de flujo de aire. Una vez que haya descartado estos problemas, pruebe un pezón más rápido.

Si su bebé solo come una pequeña cantidad en cada comida, los plazos pueden ser más cortos.

Resolver problemas de flujo de aire

Biberones o tetinas sin ventilación

Para evitar la fuga de leche, los padres suelen asegurar la tetina al biberón atornillando firmemente el anillo de la tetina. Esto puede afectar la tasa de **flujo de leche de biberones o tetinas sin ventilación,** y puede causar un comportamiento de alimentación quisquilloso o una ingesta insuficiente de leche. La solución es simple. Afloje el anillo de la tetina lo suficiente para permitir que entre aire en el biberón entre el borde del biberón y la base de la tetina. Esto mantendrá una presión neutra y un caudal constante a lo largo de toda la alimentación. Este pequeño detalle puede hacer que la alimentación sea más fácil, menos frustrante y más agradable para el bebé.

Puede ser necesario practicar para encontrar el punto dulce entre demasiado apretado y demasiado flojo. Usted puede tener una pequeña fuga cuando inclina la botella, incluso cuando la tiene bien. Usted sabrá que tiene razón cuando vea un flujo constante de burbujas en el biberón mientras su bebé se alimenta. No debe haber burbujas en el biberón cuando suelta la succión soltando la tetina.

Alternativamente, use un biberón o una tetina con ventilación.

Biberones y tetinas con ventilación

Los biberones y las tetinas con ventilación tienen mecanismos incorporados que ayudan a mantener la presión de aire neutro dentro del biberón, pero no son a prueba de fallas. Si su bebé está usando equipo de alimentación con ventilación, biberones o tetinas, verifique que esté funcionando correctamente. No debe haber un aluvión de burbujas en el biberón a medida que su bebé lo deja ir. Si la hay, el sistema de ventilación no funciona correctamente. Asegúrese de que las piezas estén correctamente fijadas y que no estén demasiado apretadas.

Asegurar una buena posición de alimentación

Una mala posición durante la alimentación puede impedir la capacidad del bebé para succionar eficazmente. Ejemplos de malas posiciones incluyen:

- la cabeza del bebé está torcida hacia un lado
- su cabeza es empujada hacia adelante y su barbilla es presionada contra su pecho
- su cabeza está muy inclinada hacia atrás
- se ha caído de espaldas.

Un recién nacido necesita más apoyo para posicionar su cuerpo de una manera cómoda mientras se alimenta en comparación con cuando tiene tres meses de edad o más. A medida que el bebé madura, se hace más fuerte y más capaz de sostener su cabeza y mover su cuerpo a una posición cómoda.

Coloque al bebé en una posición semirreclinada en un ángulo de aproximadamente 45 grados en su regazo para que pueda mirarlo mientras se alimenta. Su cabeza está alineada con su cuerpo y descansando en el codo de su brazo. Sujételo firmemente para evitar que se caiga, pero no de manera restrictiva. No restrinja los movimientos de la cabeza o de las extremidades. Esto significa que no debe envolverse en pañales a la hora de comer, no debe poner uno de sus brazos detrás de su espalda o sostener su muñeca para evitar que mueva su brazo, y no debe restringir el movimiento de su cabeza.

Los bebés que han desarrollado una aversión a la alimentación pueden rechazar la alimentación en los brazos y pueden evitar el contacto visual mientras se alimentan. Esta situación probablemente mejorará a medida que usted resuelva la aversión alimentaria de su bebé usando mis recomendaciones de alimentación descritas en los Capítulos 9 al 11.

Ahora que ha descartado los problemas de succión, el siguiente paso es determinar si la presión – la razón más común por la que los bebés y los niños se vuelven reacios a alimentarse – es la causa del comportamiento alimentario de oposición de su bebé.

3 ¿ES LA PRESIÓN LA CAUSA?

¿Qué constituye la 'presión'?
¿Qué sucede cuando se presiona a los bebés para que se alimenten?
Por qué los bebés se alimentan mientras duermen
Por qué a menudo se pasa por alto la presión como causa

Ariana podría estar llorando de hambre, pero tan pronto como la pongo de espaldas en mis brazos para ofrecerle la botella, ella grita, trata de empujarla, y entierra su cara en mi pecho. Tengo que pasearla y distraerla con su chupete para calmarla. Luego cambio el chupete por el biberón. Podría empezar a gritar de nuevo y tengo que calmarla de nuevo. Puede que tenga que hacer esto tres o cuatro veces. Eventualmente ella tomará una o dos onzas (30-60 ml) y yo sueño con darle el resto de su biberón cuando duerme la siesta. – Noemí

Cuando se le preguntó, Noemí reconoció que había estado presionando a Ariana para que se alimentara. Como le expliqué por qué presionar a un bebé para que se alimente puede hacer que se vuelva reacio a alimentarse, las lágrimas le cayeron por las mejillas. El darse cuenta de que, a pesar de las buenas intenciones, sin saberlo había hecho que Ariana tuviera miedo de alimentarse, le causó angustia. Me sentí terrible que mis palabras desencadenaran sus lágrimas, pero era esencial que reconociera la causa del comportamiento de su bebé, para que pudiera cambiar sus prácticas de alimentación y resolver la aversión alimenticia de Ariana.

Ser presionado a comer es -sin excepción- la razón más común por la que los bebés y niños sanos se vuelven reacios a alimentarse. Si la presión es la causa del comportamiento de alimentación repugnante de su bebé, entonces, por muy doloroso que esto pueda ser para que usted lo acepte, debe reconocerlo para que pueda remediar la situación.

¿Qué constituye la ‹presión›?

La "presión" incluye todo lo que un padre puede hacer para hacer que su bebé coma cuando no quiera. Si usted hace caso omiso o pasa por alto las señales de comportamiento de su bebé que indican que quiere dejar de alimentarse y usted sigue tratando de hacer que beba más, esto indudablemente implicará alguna forma de presión.

> **Señales de saciedad: señales de que el bebé ya ha tenido suficiente**
> Deja de chupar.
> Saca el pezón de la boca con la lengua.
> Voltea la cabeza o arquea la espalda.
> Empuja la botella con la mano.
> Cierra la boca.

Presionar a un bebé o a un niño para que se alimente o coma en contra de su voluntad puede hacer que desarrolle una aversión a la alimentación conductual. Por 'comportamiento' no estoy implicando que un bebé actúe de manera deliberada, traviesa o manipuladora, sino que su comportamiento de alimentación aversiva **ocurre como consecuencia** de las circunstancias -en este caso debido a que se le presiona repetidamente para que se alimente- en lugar de ser una causa física.

Con respecto a la alimentación de un bebé, existen diversos grados de presión que van desde la coerción, considerada por muchos como un "estímulo", hasta la alimentación forzada. Entender cómo la alimentación forzada haría que el bebé dejara de alimentarse hace que sea más fácil apreciar por qué la coerción podría tener un efecto similar.

Alimentación forzada

La alimentación forzada implica que una persona más grande y fuerte ejerza su voluntad sobre una persona más pequeña y débil. El caso de Casandra muestra cómo una cadena de eventos puede llevar a un padre a alimentar a su bebé a la fuerza.

Bebé Casandra

Casandra nació a las 30 semanas de gestación (10 semanas antes). Ella progresó bien sin ninguna complicación seria. Fue dada de alta del hospital de maternidad, alimentada con biberón, una semana antes de la fecha prevista de parto. Antes del alta, a su madre, Alicia, se le mostró cómo animarla a seguir alimentando aplicando presión debajo de la barbilla (esto transfiere la presión del pezón al techo de la boca del bebé y desencadena el reflejo de succión del recién nacido). Al hacerlo, Alicia descubrió que podía hacer que Casandra tomara la cantidad de leche recomendada. Casandra se alimentó bien durante las primeras cuatro semanas después del alta. Ocasionalmente vomitaba lo que parecía ser una gran cantidad de leche, pero esto no se consideraba un problema, ya que estaba ganando peso bien y estaba relativamente contenta, excepto por una pequeña irritabilidad durante la alimentación.

Alrededor de las seis semanas de edad ajustada (la edad que habría tenido si hubiera nacido alrededor de la fecha prevista de su nacimiento), Casandra se volvió cada vez más difícil de alimentar. Dejaba de alimentarse y trataba de sacarse el pezón de la boca. Cuanto más se resistía Casandra, más tiempo necesitaba Alicia en persistir para asegurarse de que bebía la cantidad recomendada. El número de veces que Casandra vomitó leche aumentó. El médico de Casandra sospechó reflujo ácido, y le recetó Omeprazol. Esto no mejoró la situación.

A medida que avanzaban las semanas, las batallas por la alimentación se hicieron aún más intensas. Para los tres meses de edad ajustada, los vómitos habían aumentado y se le diagnosticó un retraso en el vaciado gástrico y se le administró Domperidona (un medicamento que acelera el tiempo en que la leche u otros alimentos se vacían del estómago). Como resultado, los vómitos se redujeron, pero las batallas por la alimentación se hicieron cada vez más intensas a medida que la cantidad de leche que Casandra tomaba disminuía. Alrededor de los cuatro meses de edad se sospechaba que la causa de sus vómitos y su negativa a alimentarse se debía a la alergia a las proteínas de la leche o a la intolerancia, y su fórmula se cambió a una fórmula hipoalergénica. Y aun así continuó rechazando las alimentaciones. Solo que ahora, las cosas eran peores. Ahora gritaba cuando la ponían en posición de comer. Después de dos días de casi completa negativa a alimentarse, Casandra fue admitida en el hospital. Una serie de pruebas de diagnóstico arrojaron resultados negativos. En el hospital, las enfermeras le enseñaron a Alicia a forzar a Casandra a alimentarse. Debido a que Casandra no mostraba signos de hambre, se le aconsejó a Alicia que la alimentara cada tres horas.

Conocí a Casandra dos semanas después del alta del hospital. Alicia quería ayuda para resolver los problemas de alimentación de Casandra. Estaba emocionalmente agotada y no podía seguir obligando a Casandra a alimentarse como le enseñaron en el hospital. Le pedí a Alicia que demostrara cómo se le ordenó que alimentara a Casandra. Cuando llegó el momento de alimentarse, Alicia puso a Casandra sobre una sábana de cuna como preparación para envolverla bien. Casandra empezó a gritar, agitar los brazos y patear frenéticamente tan pronto como se dio cuenta de que estaba a punto de ser envuelta en pañales. Alicia tomó a su bebé firmemente envuelta en pañales y la sostuvo en una posición de alimentación en sus brazos. La cabeza de Casandra estaba sostenida en el codo de Alicia con un apretón de manos que le impedía girar la cabeza hacia un lado. Casandra seguía gritando, así que Alicia no tuvo problemas para llevar el pezón a la boca. Pero Casandra no cerró la boca alrededor del pezón y siguió gritando. Luego, Alicia maniobró su mano sosteniendo el biberón de manera que pudiera agarrar las mejillas y la barbilla de Casandra para forzar a que su boca se cerrara alrededor del pezón. Entonces pudo manipular la mandíbula de Casandra para que se moviera de una manera que causara que un poco de leche le entrara en la boca, entre gritos amortiguados. En esta etapa, Alicia tenía lágrimas cayendo por su cara. Lo sentí por ella y por Casandra, pero necesitaba que continuara demostrando lo que le habían enseñado para poder entender la situación.

Casandra luchó duro durante 10 minutos. Luego, de repente, se quedó callada y en cuestión de segundos pareció dormirse. Una vez dormida, comenzó a chupar rítmicamente y vació el biberón en cinco minutos. Cuando la botella estaba vacía, Alicia la sacó de la boca de Casandra. En cuestión de segundos se despertó y sonrió a su madre.

No me extraña que Alicia sintiera que no podía seguir alimentando a Casandra de esta manera. Como observadora, esta escena me pareció perturbadora. Solo podía imaginar el estrés que tanto Casandra como Alicia habían soportado una y otra vez como resultado. La alimentación forzada sirvió para hacer que Casandra bebiera, pero esto se logró con un gran costo emocional para ella, su madre y, sin duda, también para su padre.

Lo que fue especialmente triste en el caso de Casandra es que la desafortunada secuencia que la llevó a forzarla a alimentarse pudo haberse evitado. Le pregunté a Alicia cuánta leche le habían dicho que necesitaba Casandra. Ella me lo dijo. Cuando calculé esto en mililitros (ml) por kilogramo (kg) por día, era un poco más de 180 ml/kg/día o 3 oz/lb/día, la cantidad generalmente recomendada para los bebés prematuros **antes de alcanzar su fecha de nacimiento esperada.** Casandra llevaba cuatro meses más allá de lo que había sido su fecha de nacimiento. El cálculo estándar para estimar las necesidades de leche de los bebés de tres a seis meses en Australia es de 120 ml/kg/día o 2 oz/lb/día. (Véase el Capítulo 6 para más información sobre la estimación de la cantidad de leche que podrían necesitar los bebés.) Aunque es probable que esto haya sido un descuido por parte de su médico, me sorprendió que este error no se hubiera identificado durante su reciente ingreso al hospital.

Sin que Alicia lo supiera, había estado tratando de hacer que Casandra bebiera más de lo que necesitaba, comenzando alrededor de la fecha prevista de su nacimiento si hubiera nacido a término. Y la brecha entre lo que Casandra necesitaba y lo que Alicia trató de hacer para que su toma se ensanchara a medida que Casandra maduraba. A medida que la brecha se ensanchaba, también lo hacía la cantidad de presión que Alicia necesitaba ejercer para hacerla beber, lo que se había convertido en una sobreestimación poco realista de sus necesidades de leche. La presión que ejercía Alicia hizo que Casandra desarrollara una aversión y luego rechazara los alimentos incluso cuando tenía hambre. Casandra gritaba y luchaba contra los alimentos debido al estrés de ser forzada repetidamente a comer más de lo que necesitaba y no debido al dolor asociado con el reflujo ácido. Y regurgitaba grandes cantidades de leche porque estaba sobrealimentada y no por el retraso en el vaciado gástrico. No había antecedentes familiares de alergias y Casandra no mostraba ningún signo que indicara una respuesta alérgica a su leche antes de cambiar a una fórmula hipoalergénica. Los síntomas gastrointestinales que se cree que se deben a la intolerancia a las proteínas de la leche se deben probablemente a la hipernutrición que se produce como resultado de la sobrealimentación.

> La buena noticia para Casandra y sus padres fue que la situación se resolvió usando las estrategias descritas en los Capítulos 9 al 11. Dos semanas después de que Alicia comenzó a seguir las estrategias recomendadas, Casandra comenzó a emocionarse cuando se dio cuenta de que estaba a punto de ser alimentada y comía bien, consumiendo una **cantidad realista** de leche para su edad y peso. Ella fue cambiada de nuevo a una fórmula regular y todos los medicamentos fueron suspendidos unas semanas más tarde.

Ningún bebé debe ser forzado a alimentarse. Si un bebé no es capaz de alimentarse, necesita un equipo de alimentación especializado. Si un bebé que es físicamente capaz de alimentarse no se alimenta bien o no bebe lo suficiente para un crecimiento saludable, esto indica un problema. **La fuerza no es una solución.** Solo complica la situación.

La mayoría de nosotros reconocemos cuando forzamos a un bebé a alimentarse. Sin embargo, ¿sabe usted que muchas de las estrategias recomendadas para "animar" a un bebé a seguirse alimentando implican suficiente presión para hacer que la experiencia de alimentación del bebé sea desagradable, molesta o estresante? Es importante saber que ciertos tipos de "apoyo" pueden causar y reforzar la aversión a la alimentación.

¿Es la presión la causa?

Formas sutiles de presión

Usted puede presionar a su bebé para que se alimente, sin saberlo, de las siguientes maneras:

- **Sujeción**: Sujeción o restricción de los movimientos de la cabeza o de los brazos del bebé para que no pueda girar la cabeza ni empujar el biberón.
- **Colocar el pezón en la boca del bebé en contra de sus deseos**: Podría tratar de evitar alimentarse con los labios cerrados o girando la cabeza, arqueando la espalda de manera tensa o empujando el biberón hacia afuera con las manos o los pies, y a pesar de estos signos de rechazo, usted le coloca el pezón en la boca.
- **Respuesta inapropiada a las señales del bebé:** No permitir que el bebé saque el pezón. O siguiendo al bebé con el biberón cuando está tenso y trata de separarse girando bruscamente la cabeza hacia un lado o arqueando la espalda. (Esto es diferente a un bebé que gira la cabeza con tranquilidad para mirar a su alrededor mientras continúa chupando)
- **Tratando de hacer que el bebé succione**: Esto se puede intentar aplicando presión en las mejillas o debajo del mentón.
- **Sacudiendo y retorciendo la botella**: Por lo general, esto se hace en un intento por lograr que el bebé succione. Esto podría desencadenar el reflejo de succión de un recién nacido.
- **Exprimir la leche en la boca del bebé**: La gente lo hace usando un biberón, una jeringa o una cuchara de lado blando.
- **Trucos**: Hacer que el bebé chupe un chupete, luego sacarlo y meter el biberón.

- **Distracción o entretenimiento**: Cuando el bebé se inquieta o se altera o deja de alimentarse, los padres a menudo recurren a métodos que tienen como objetivo distraer o entretener a su bebé, como pararse, mecerse, rebotar, cantar, caminar, colgar juguetes, reproducir videos en su teléfono inteligente o tableta para que el bebé se alimente. Aunque estas estrategias no ejercen presión per se, a menudo se emplean en un intento de aplacar a un bebé mientras se le presiona para que coma.
- **Ofrecer repetidamente**: Ofrecer el biberón una y otra vez cuando un bebé te dice – por su comportamiento – que no lo quiere, al menos, le molestará. ¿Cómo se siente cuando le ofrecen comida repetidamente después de haber dicho "no"? En el peor de los casos, es una forma de acoso, que si se repite en otras fuentes podría causar una aversión a la alimentación. La historia de Lucia es un ejemplo de lo que puede suceder cuando a un bebé se le ofrece repetidamente alimentos durante un largo período de tiempo.

Bebé Lucia

Lucia tomaría fácilmente 2 onzas (60 ml) de leche y luego la rechazaría. Cuando se le ofrecía de nuevo, rechazaba o tomaba uno o dos sorbos antes de rechazarlo. Su madre Cristina le ofrecía el biberón cada cinco minutos hasta que ella lo terminara o hasta que hubieran pasado dos horas desde el comienzo de su alimentación. Trataba de meter la botella en la boca de Lucia mientras estaba en sus brazos, mientras jugaba con juguetes, mientras estaba en la bañera. De hecho, cuando Lucia estaba despierta, Cristina intentaba constantemente que tomara la botella. Aunque Cristina no utilizó la fuerza, acosó a Lucia con repetidas ofrendas durante un largo período de tiempo.

Cristina comentó que creía que Lucia se moriría de hambre si no fuera por sus repetidos intentos de alimentarla. No sabía que sus repetidos intentos de alimentarla eran probablemente la razón por la que Lucia se había vuelto reacia a la alimentación. Fue sin duda la razón por la que el comportamiento de alimentación aversiva de Lucia continuó. Una vez que Cristina siguió las recomendaciones de alimentación descritas en los Capítulos 9 a 11, Lucia se alimentó voluntariamente a intervalos regulares durante todo el día, y tomó volúmenes más grandes en cada alimento, los suficientes para mantener un crecimiento saludable, en menos de 10 minutos. Cristina podía entonces disfrutar de momentos divertidos con Lucia sin sentir que necesitaba estar continuamente tratando de alimentarse.

Básicamente, la "presión" se refiere a cualquier cosa que un padre o cuidador haga para que el bebé continúe alimentándose después de que muestre signos de que ya ha tenido suficiente o de que no está interesado en alimentarse.

Por supuesto, los padres podrían usar estas estrategias bajo ciertas circunstancias, por ejemplo, para animar a un bebé dormido a permanecer despierto el tiempo suficiente para alimentar o apoyar a un bebé que está demasiado débil o enfermo para alimentarse, y no causar ningún problema en absoluto. Pero cuando se emplean tales estrategias para hacer que un bebé sano y alerta continúe comiendo más de lo que quiere, puede hacer que la experiencia de la alimentación sea desagradable. Si tales estrategias causan aversión a la alimentación o no, depende de si molestan al bebé o no, y con qué frecuencia se repiten.

> Cuanto más intentan los padres controlar cuánto come su bebé, más frustrante y perturbadora se vuelve la situación para todos los involucrados, y menos incentivo tiene el bebé para comer voluntariamente.

¿Qué sucede cuando los bebés son presionados?

Como resultado de entrevistar a más de 500 padres que me consultaron sobre la aversión a la alimentación con biberón, descubrí un patrón en la progresión de la conducta de alimentación aversiva de los bebés, cómo la interpretan los padres y la forma en que los profesionales de la salud manejan la aversión a la alimentación infantil. Describo esto a continuación, y también explico por qué un bebé podría comportarse como lo hace desde una perspectiva de desarrollo y comportamiento. Mi objetivo es ayudarle a identificar si la "presión" es la causa original de la aversión de su bebé y/o algo que podría estar reforzando su comportamiento de alimentación opuesta. (Por favor, use la edad ajustada de un bebé prematuro.)

Del nacimiento a las seis y ocho semanas

Un bebé puede experimentar problemas **relacionados con la alimentación** a esta edad, por ejemplo, problemas de succión o problemas de autorregulación dietética, como sobrealimentación o subalimentación. Pero es inusual que un bebé de esta edad se altere como resultado de la presión para alimentarse, o que muestre un comportamiento que indique que se ha vuelto reacio a alimentarse.

El bebé tiene un reflejo activo de succión a esta edad. Al activar su reflejo de succión mediante la presión hacia arriba bajo el mentón o moviendo el biberón, significa que no es difícil para los padres hacer que succione incluso cuando no tiene hambre. Básicamente, no puede quejarse mientras su reflejo de succión se activa. Pero puede hacerlo después de que le quiten la botella. Si recibe más leche de la que su estómago puede sostener cómodamente, es probable que esté inestable debido a la incomodidad después de la comida, y podría regurgitar parte o la mayor parte de la comida poco después de comer o cuando se aplica presión externa a su estómago, por ejemplo, levantando las piernas al cambiarle el pañal, mientras está sentada en una posición de decaimiento o acostada sobre el hombro de uno de sus padres.

De seis a ocho semanas

De seis a ocho semanas es típicamente la edad a la que los padres dicen que su bebé alimentado con biberón comenzó a mostrar un comportamiento de alimentación problemático durante la alimentación. A esta edad, el reflejo de succión del bebé ha comenzado a desvanecerse. Como resultado, ella tiene más control sobre la alimentación de lo que tenía a una edad más temprana. Ahora puede dejar de chupar cuando quiera. Puede que se detenga porque necesita eructar, hacer popó o tenga gases, o simplemente hacer una pausa antes de empezar de nuevo o porque su hambre está satisfecha. Debido a su nueva capacidad de decidir cuándo ha terminado, podría parecer que de repente toma menos de lo que tomaba hace unos días, especialmente si antes estaba sobrealimentada.

Las señales de saciedad del bebé (descritas al principio de este capítulo) a menudo se pasan por alto, sobre todo porque los padres no saben lo que significan estos comportamientos. Confundido en cuanto a por qué el bebé ya no está bebiendo su cantidad habitual, un padre podría empezar a aplicar una suave presión para hacer que el bebé vacíe el biberón o complete una cantidad que se cree que es lo que necesita. Su reflejo de succión no ha desaparecido por completo, por lo que es relativamente fácil hacer que siga succionando. Sin saber que esta es una respuesta involuntaria a la activación del reflejo de succión, la madre está convencida de que el bebé tenía hambre después de todo y de que hicieron lo correcto para que completara la alimentación

De dos a tres meses

A medida que el bebé madura, su reflejo de succión se desvanece gradualmente. Así que presionar debajo de la barbilla o sacudir la botella ahora está perdiendo efectividad. Cada vez es más difícil hacer que se termine el biberón si decide no hacerlo.

Inicialmente, la irritabilidad del bebé ocurre en respuesta directa a lo desagradable de ser presionado. Pero cuando se la presiona repetidamente para que se alimente, vincula la alimentación con experiencias desagradables o estresantes. Y también aprende a esperar la presión.

En las primeras etapas de la aversión a la alimentación, el bebé suele alimentarse bien al principio de la alimentación, siempre que tenga hambre, pero deja de succionar y se inquieta **después de consumir una cantidad casi idéntica cada vez.** Esta cifra varía entre los bebés. Como resultado de experiencias de alimentación estresantes en el pasado, no disfruta de la alimentación, por lo que está tomando lo suficiente para aliviar los retortijones de hambre. Los padres asumen que se detiene porque necesita eructar. El bebé eructa y se le vuelve a dar el biberón. Pero se niega a chupar y empieza a llorar. En este momento no se ha ejercido ninguna presión. Pero las experiencias pasadas le han enseñado... que está llegando. Mientras se mantiene en una posición de alimentación, está tensa y molesta, ya que espera que la presionen como lo ha hecho en el pasado. El padre intenta sus estrategias habituales para alimentar al bebé. Pero el bebé sigue molesto. El padre trata de aplacar los llantos del bebé usando técnicas de distracción como pararse, mecerse, rebotar, caminar, cantar o colgar juguetes delante de la cara del bebé mientras continúan tratando de hacer que coma, con un éxito mínimo. Sus llantos continúan aumentando hasta que el padre se da por vencido.

Ignorando la causa del alboroto del bebé, la madre se pregunta si no le gusta el sabor de su fórmula, y así cambia varias veces. Luego, el padre puede sospechar que el bebé está teniendo problemas para alimentarse como resultado del equipo, y prueba cada biberón y tetina que puede encontrar, con un éxito fugaz.

Entre los dos y tres meses de edad, el bebé aprende a vincular los pasos que indican que la alimentación está a punto de comenzar. Si ha sido presionado u obligado a alimentarse en el pasado, tan pronto como se le coloca un babero alrededor del cuello o cuando está acostada en una posición de alimentación, sabe que algo malo va a suceder. Se pone tensa, llora, patea y grita con anticipación.

El padre o la madre puede tratar de alimentar al bebé en diferentes lugares, como por ejemplo, en la mecedora, en el asiento del automóvil o apoyado en almohadas. Esto generalmente funciona inicialmente porque el bebé no asocia estos lugares con la presión de alimentarse. Pero si es presionado en estos lugares, pronto lo hará, y en ese momento también rechaza alimentarse en estos lugares. Alternativamente, el padre puede tratar de engañar al bebé para que tome el biberón dándole un chupete y una vez que empiece a chupar, lo sacan y le meten el pezón. Pero esto también tiene un éxito limitado.

Sin poder explicar el comportamiento angustioso del bebé, los padres se convencen de que el dolor es el responsable. El bebé es llevado al médico. Al no poder ver ninguna causa física que explique la angustia del bebé, muchos profesionales de la salud, a menudo sin preguntarle a los padres cómo manejan la alimentación del bebé, **asumen** que la causa es el reflujo ácido. Algunos bebés **sanos y prósperos** son mal diagnosticados con reflujo ácido a una edad más temprana debido a la regurgitación de la leche y a la incomodidad abdominal causada por la sobrealimentación, o a la angustia debida a la privación del sueño. **El hecho de que un bebé esté prosperando descarta el reflujo ácido.** Si el bebé no fue diagnosticado con reflujo ácido anteriormente, es muy probable que se le diagnostique ahora, ya que el reflujo ácido es comúnmente culpado como la razón por la cual los médicos y otras personas se niegan a alimentarlo. O su médico podría prescribir medicamentos supresores de ácido a modo de prueba.

De tres a cuatro meses

Ahora el reflejo de succión del bebé ha desaparecido por completo y la succión implica una acción voluntaria. El bebé ahora puede decidir cuándo y si va a chupar.

Con cada día que pasa, el bebé se hace más grande, más fuerte, más consciente y más capaz de resistir los intentos de sus padres de alimentarlo. El padre o la madre intenta cualquier estrategia que se le ocurra, por ejemplo, hacer trampas, engatusar, distraer, entretener, hacer que se alimente sin fuerza, sin ser consciente de que estos métodos implican un nivel de presión que puede hacer que se vuelva en contra de la alimentación y reforzar la aversión a la misma. El tiempo de alimentación puede extenderse a una o dos horas cada uno. En última instancia, los padres sienten que no pueden dejar que las cosas continúen, ya que el bebé pronto necesitará dormir y por eso, a regañadientes, recurren a medios más intensos para obligar al bebé a alimentarse. La hora de comer se ha convertido ahora en una batalla de voluntades, y se desarrolla un círculo vicioso.

Diagrama 3.1: Ciclo de presión

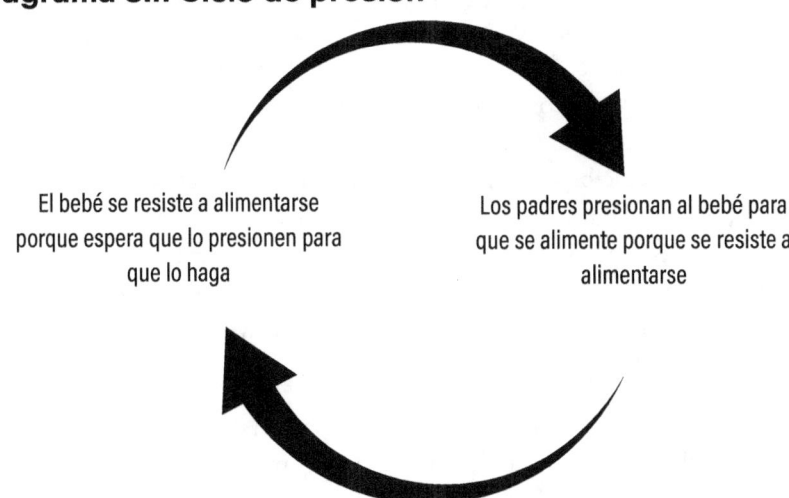

El bebé se resiste a alimentarse porque espera que lo presionen para que lo haga

Los padres presionan al bebé para que se alimente porque se resiste a alimentarse

Como resultado de la presión, el bebé se ha vuelto reacio a alimentarse y ahora solo come voluntariamente cuando tiene mucha hambre y toma menos de lo que necesita para mantener un crecimiento saludable. Al presionar repetidamente al bebé, el padre o la madre le recuerda constantemente que la alimentación es estresante, por lo que el bebé sigue tratando de evitarla.

En otras alimentaciones, el bebé actúa como si estuviera confundido ("comportamiento de alimentación conflictivo"). Esto se debe a que necesita alimentos para aliviar la incomodidad del hambre, pero no quiere alimentarse porque ahora la alimentación le resulta desagradable o estresante. Así que él chupa tímidamente antes de empujar el llanto, y casi instantáneamente indica que quiere el biberón de nuevo, tiene un par de chupadas más y lo empuja de nuevo. Esto se repite una y otra vez. Parece que tiene problemas para mantenerse enganchado o que se está alejando por el dolor. El padre restringe sus brazos para evitar que empuje el biberón, y lo sostiene firmemente en la boca, resistiéndose a sus esfuerzos por empujarlo con la lengua y puede intentar restringir los movimientos de la cabeza para evitar que se dé la vuelta. Pero esto molesta aún más al bebé.

Como resultado de este proceso de alimentación prolongado, el bebé se cansa. Deja de llorar, se le cierran los ojos y el cuerpo se relaja a medida que se adormece. Luego comienza a chupar rítmicamente, tragando la comida en un tiempo récord.

Al padre le preocupa que los medicamentos supresores de ácido administrados al bebé no estén funcionando o que el médico del bebé haya pasado por alto un problema físico. A esta edad, el bebé podría haber sido visto por múltiples especialistas médicos y haber recibido varios diagnósticos para explicar su comportamiento. Cada vez que el bebé es visto por un profesional de la salud diferente, o recibe un nuevo diagnóstico, o se le receta un medicamento diferente, o se prueba con una nueva fórmula, los padres tienen la esperanza de que esto pueda proporcionar una solución, y terminar con el estrés que la familia soporta. Pero la esperanza suele ser efímera. Los medicamentos y el cambio de fórmula no harán nada para resolver la aversión a la alimentación causada por la presión.

Después de un diagnóstico médico, la preocupación de que el bebé esté experimentando dolor puede hacer que los padres eliminen o reduzcan la presión sobre el bebé para que se alimente, lo cual puede tener un efecto positivo en el comportamiento alimenticio del bebé. Sin embargo, esto puede no durar. Si el bebé continúa bebiendo menos de la cantidad esperada, la presión regresa y, en consecuencia, también la angustia del bebé.

Entre las visitas a varios profesionales de la salud, muchos padres se dan cuenta de que si primero llevan a su bebé a un estado de somnolencia y luego le meten el pezón en la boca, se lo chupan. En un estado de somnolencia, el bebé no es plenamente consciente de las circunstancias, por lo que su guardia está baja. Tiene hambre y, en consecuencia, se alimenta sin resistencia cuando está somnolienta o en un sueño ligero. La vida familiar gira en torno a dormir al bebé, elegir el momento preciso en que es más probable que chupe y alimentarlo cuidadosamente para no despertarlo. Una vez que el bebé esté profundamente dormido, ya no chupará más. Así que este proceso se repite muchas veces a lo largo del día y la noche. Algunos padres pueden recurrir a la jeringa o a la cuchara para alimentar la leche en la boca del bebé con diferentes grados de éxito. Pero es un proceso prolongado de persuasión y engatusamiento, y un alimento se mezcla con el siguiente con breves descansos para siestas en el medio.

Si el crecimiento del bebé es satisfactorio, se le puede aconsejar a los padres que 'sigan haciendo lo que están haciendo' o 'hagan lo que sea necesario para que su profesional de la salud le introduzca X cantidad de leche'. Si no se alcanza la cantidad objetivo, o si el aumento de peso del bebé disminuye, se le puede aconsejar a los padres que concentren la fórmula del bebé o que le den fórmula de alta energía, para que reciba más calorías en menos volumen. O podría recomendarse que se le den alimentos sólidos a partir de los cuatro meses de edad o menos.

De cuatro a cinco meses

Es alrededor de esta edad que una aversión alimenticia no resuelta comenzará a tener un impacto negativo en el crecimiento del bebé. La preocupación por el crecimiento del bebé hace que los padres se sientan aún más obligados a obligar al bebé a alimentarse, lo mismo que está causando la aversión alimentaria del bebé, y lo contrario de lo que necesita. Toda la familia se ve afectada diariamente por el estrés.

Alrededor de esta edad, todos los tratamientos médicos habituales han sido probados y no han tenido éxito. Con las opciones médicas agotadas, los profesionales de la salud del bebé comienzan a cuestionarse si sus problemas de alimentación podrían ser conductuales. El bebé es referido a un terapeuta del habla u ocupacional para una evaluación posterior. Es posible que se le diagnostique una succión descoordinada para explicar su comportamiento de alimentación conflictivo, o una aversión oral para explicar por qué se opone vigorosamente a tener el pezón en la boca. Pero el bebé sabe cómo chupar; está eligiendo no hacerlo porque quiere evitar el estrés asociado con el hecho de que lo alimenten en contra de su voluntad. Y está dispuesto a ponerse otras cosas en la boca. Es solo la botella que quiere evitar. O se asume que su angustia se debe al miedo como resultado de recordar experiencias de alimentación dolorosas pasadas antes del tratamiento médico. Pero no es el dolor a lo que teme, es a ser presionado u obligado a alimentarse.

Se le puede aconsejar al padre que deje de forzar al bebé a alimentarse. Pero continúa usando formas más suaves de presión, creyendo que esto anima al bebé a comer. Tal vez se aconseje a los padres acortar la duración de la alimentación del bebé, por ejemplo, limitarla a un máximo de 30 minutos. Pero cinco segundos de presión son cinco segundos de más. El padre ahora presiona al bebé con menos intensidad durante un período de tiempo más corto, pero el resultado es el mismo. Cualquier presión reforzará el comportamiento aversivo del bebé, por lo que nada mejora.

A estas alturas, el padre ha perdido la fe en que los profesionales de la salud proporcionarán una solución, y busca en Internet cada minuto libre en busca de respuestas.

De cinco a seis meses

La situación sigue empeorando. Cada vez es más difícil alimentar al bebé mientras duerme. Debido al aumento del desarrollo cerebral, su capacidad para percibir su entorno durante el sueño ligero aumenta y se despierta con mayor facilidad. El crecimiento se ha convertido en una seria preocupación: el bebé puede ser delgado o clasificado como "retraso en el desarrollo". El médico del bebé les dice a los padres que si la situación no mejora, es posible que necesite una sonda de alimentación. Desesperada por evitarle la alimentación por sonda, y con la esperanza de que la situación mejore una vez que empiece a comer cantidades suficientes de alimentos sólidos para mantener su crecimiento o mejor, la madre continúa con los prolongados rituales de alimentación, sin ser consciente de que al hacerlo están reforzando la aversión de la alimentación de su bebé.

A partir de los seis meses

Una vez que la alimentación se convierte en una batalla de voluntades, no hay ganador. Un adulto más grande y fuerte puede dominar a un bebé y hacer que tome más de lo que está dispuesto a tomar y así ganar la batalla, pero al hacerlo, perderá la guerra porque refuerzan la aversión alimenticia del bebé.

En esta etapa, incluso los profesionales de la salud de los bebés están admitiendo su derrota. Sus intentos de resolver la aversión del bebé a la alimentación con biberón han demostrado ser ineficaces. El enfoque ahora se centra en conseguir que el bebé coma suficientes alimentos sólidos para compensar la pérdida de calorías que debería estar recibiendo de la leche. Si tiene éxito, esto mantendrá su crecimiento hasta que tenga la edad suficiente para dejar de alimentarse con biberón y beber suficientes líquidos de una taza.

Desafortunadamente, una aversión no resuelta a la alimentación con biberón aumenta el riesgo de que el bebé desarrolle una aversión a comer alimentos sólidos. Cuando un padre depende de que su bebé coma cantidades suficientes de sólidos para mantener su crecimiento, es muy probable que se sienta presionado a comer. De manera similar a la alimentación con biberón, la presión para comer sólidos ocurre en varias formas y grados. Las formas más suaves de presión son típicamente vistas como un estímulo. Si un bebé es presionado repetidamente para comer más sólidos de los que está dispuesto a comer, o si la experiencia de comer sólidos es a menudo molesta, podría desarrollar una aversión a los sólidos (sin importar si es reacio a la alimentación con biberón o no). Más específicamente, no es reacio a los alimentos sólidos, sino que muestra un comportamiento repugnante tratando de evitar las experiencias de alimentación desagradables o estresantes que ocurren como resultado de ser presionado o forzado a comer en contra de su voluntad. Si desarrolla una aversión a comer sólidos, los horarios de las comidas se convierten en otra pesadilla para el bebé y sus padres. Sintiéndose derrotados, física y emocionalmente desgastados, la mayoría de los padres comenzarán a considerar en este momento la alimentación por sonda como una fuente de alivio.

Diagrama 3.2 Espiral descendente de la aversión a la alimentación inducida por la presión

2 meses

El bebé indica saciedad cuando ha consumido menos de lo que los padres esperan

→ Los padres pasan por alto las señales de saciedad del bebé y lo presionan suavemente para que siga comiendo.

El bebé no quiere seguir alimentándose y empezar a quejarse.

→ Los padres usan la distracción en un intento de calmar al bebé mientras tratan de hacer que continúe comiendo.

El bebé se altera cada vez más y empieza a llorar.

3 meses

El bebé se vuelve reacio a alimentarse como resultado de ser presionado repetidamente para que se alimente. Ahora intenta evitar alimentarse o comer muy poco. Su consumo de leche cae por debajo de sus necesidades.

→ Los padres usan distracciones para tratar de calmar al bebé mientras continúan presionándolo suavemente para que se alimente, pero finalmente se detiene.

La aversión del bebé a la alimentación se refuerza en cada comida. Las batallas de alimentación se intensifican a medida que el bebé se desarrolla física, emocional e intelectualmente.

→ Los padres buscan consejo médico con respecto a la conducta de alimentación repugnante del bebé. Múltiples consultas ocurren mientras se busca una solución. Si los tratamientos médicos fallan, los padres creen que no tienen otra opción que usar medios contundentes para alimentar al bebé.

4 meses

El bebé se resiste a alimentarse hasta que está somnoliento o dormido y luego se alimenta.

→ El padre descubre que el bebé se alimenta mejor en un estado de sueño.

El bebé inicialmente se alimenta en parte en estado de somnolencia, después solo mientras duerme.

5 meses

El bebé es cada vez más consciente de que está siendo alimentado durante el sueño a medida que madura, y ruega resistirse a los alimentos para dormir.

→ El padre es incapaz de mantener la alimentación del bebé el tiempo suficiente en un estado despierto o somnoliento para completar la alimentación.

El bebé muestra un crecimiento deficiente.

→ Se aconseja a los padres que le den al bebé alimentos de alta energía y/o que comiencen los sólidos temprano. La amenaza de la sonda de alimentación se cierne sobre nosotros.

Aunque este camino es común, no todos los bebés que desarrollan aversión a la alimentación seguirán el mismo camino, o aquellos que no lo hacen necesariamente a las edades indicadas. Solo un pequeño porcentaje de bebés con aversiones alimentarias no resueltas terminan con tubos de alimentación.

Por qué los bebés se alimentan mientras duermen

Muchos bebés que se han vuelto reacios a la alimentación con biberón se alimentarán cuando estén somnolientos o cuando duerman poco. Los padres aprenden que no pueden presionar al bebé para que se alimente mientras duerme si quieren evitar despertarlo. Saben que hay pocas posibilidades de que coma si se despierta. Así que están atentos a retroceder ante la más mínima señal de resistencia (algo que también necesitan hacer cuando alimentan al bebé mientras está despierto).

Al alimentarse durante el sueño, el bebé evita el estrés asociado con la presión o la obligación de alimentarse. En un estado de sopor o sueño, no está completamente consciente de que está siendo alimentado, y por lo tanto no está al borde en anticipación de ser presionado, como lo está cuando es alimentado mientras está despierto. En un estado de sueño o somnolencia, la guardia de un bebé hambriento está baja, los instintos de succión hacen efecto y se alimenta bien.

Las razones de la alimentación durante el sueño varían dependiendo de si los padres alimentan al bebé una vez que **ya está dormido** (a menudo conocido como "alimentación de ensueño") o si el bebé se **duerme mientras se alimenta**. Hacer esta distinción será importante cuando se trate de resolver la aversión alimenticia de su bebé.

Alimentar al bebé cuando ya está dormido

A menudo se recomienda la alimentación durante el sueño a los padres como una forma de evitar el estrés de alimentar a un bebé fuertemente resistente. Alternativamente, los padres intentan dar de comer durante la noche como una forma de aumentar la ingesta de leche del bebé y descubrir por casualidad que su bebé succiona bien sin resistencia cuando está somnoliento o dormido.

Alentados por la reducción de los niveles de estrés para el bebé (y los padres), y el aumento de la ingesta de leche durante la alimentación durante el sueño, muchos padres comienzan a alimentar a su bebé en cada siesta. Mientras más leche reciba el bebé en estado de sueño, más se resistirá a alimentarse mientras esté despierto. Por lo tanto, no pasa mucho tiempo antes de que la alimentación durante el sueño se convierta en la **única** forma en que algunos bebés se alimentan.

La alimentación durante el sueño proporciona alivio para el bebé y los padres. **Pero no proporciona una solución a la aversión alimenticia del bebé.** Es un proceso extremadamente restrictivo y agotador para los padres, pero la mayoría continúa proporcionando alimentos durante el sueño porque no conocen otra manera de conseguir que su bebé se alimente.

Quedarse dormido mientras se alimenta

Un bebé que se ha vuelto reacio a alimentarse puede quedarse dormido **mientras se alimenta** por varias razones, y succionar en un estado de somnolencia, incluyendo:

- **Agotamiento como resultado de la lucha contra la alimentación**: El cansancio es una razón común por la que los bebés que no comen se duermen mientras comen. Pero los bebés que son reacios a alimentarse son muy vigilantes y muy tensos en los momentos de alimentación. Un bebé que es reacio a alimentarse puede quedarse dormido mientras se alimenta si se desgasta después de una larga batalla de voluntades. A medida que se vuelve somnoliento, comienza a chupar.
- **Asociación alimentación-sueño**: Algunos bebés se duermen mientras se alimentan porque aprenden a confiar en la alimentación como una manera de quedarse dormidos. El bebé quiere alimentarse cuando está cansado y listo para dormir. Chupa bien mientras está somnoliento, soltando el pezón una vez que está profundamente dormido. (Para más información sobre las asociaciones del sueño, vea el Capítulo 12).
- **Respuesta psicológica para evitar el estrés**: Un pequeño porcentaje de bebés que son reacios a alimentarse se quedan dormidos mientras se alimentan cuando son incapaces de reducir sus niveles de estrés de cualquier otra manera. Después de una larga batalla, resistiéndose a los esfuerzos de sus padres por darle de comer, el bebé se queda callado, sus ojos se cubren de esmalte, se duerme y luego succiona bien, comiendo rápidamente. Tan pronto como le quitan el biberón de la boca, se despierta y se siente feliz.

Por qué la presión a menudo se pasa por alto como una causa

Aunque muchos profesionales de la salud – incluyendo pediatras, parteras, enfermeras pediátricas, enfermeras en salud infantil, patólogos del habla y del lenguaje, terapeutas ocupacionales y dietistas pediátricos – trabajan estrechamente con bebés y padres, esto no significa que estén bien informados acerca de los problemas de comportamiento de los bebés, como la aversión a la alimentación debido a la presión. He tenido muchos profesionales de la salud como clientes con respecto a la aversión a la alimentación conductual de **sus bebés**. Jenna, una pediatra del Reino Unido, comentó: "No nos enseñan sobre problemas de conducta". Después de resolver la aversión a la alimentación conductual de su hijo, Jonathan, un pediatra estadounidense, comentó: "Creo que esta experiencia me ha hecho un mejor médico. Ahora me doy cuenta de que no todos los problemas del bebé tienen una causa médica".

Los médicos en general, incluyendo pediatras y especialistas pediátricos, no están capacitados para identificar las **causas conductuales** del llanto o problemas de alimentación y sueño de los bebés que comúnmente causan problemas de salud física. Ni siquiera el profesor más experimentado en gastroenterología pediátrica o neonatología será competente en el manejo de la alimentación infantil o tendrá experiencia en reconocer problemas de alimentación conductual. Aunque la mayoría de los médicos aprenden lo básico, la alimentación conductual y los problemas de sueño generalmente no son algo que esté dentro de su área de especialización.

Pamela transmitió los comentarios de su médico: "Esperemos que haya una causa física". Si Harper ha desarrollado una aversión a la alimentación por razones psicológicas, es mucho más difícil de resolver". Aunque su médico puede no haber sabido cómo resolver una aversión a la alimentación por razones psicológicas (conductuales), al menos sabía que hay razones más allá de las causas médicas para que los bebés se vuelvan reacios a alimentarse.

Incluso cuando los profesionales de la salud son conscientes de las razones de comportamiento para que los bebés se vuelvan reacios a alimentarse, la mayoría no da suficiente tiempo durante las consultas para identificar la causa, y mucho menos para explicar a los padres cómo resolver este problema tan complejo. Las restricciones de tiempo pueden limitar la consulta a examinar físicamente al bebé, hacer un diagnóstico basado en la descripción de los padres de la angustia del bebé en el momento de la alimentación, escribir una receta y acompañar a los padres a la puerta.

Incluso después de muchos años especializándome en problemas de alimentación de bebés y niños pequeños, la evaluación y explicación de la aversión a la alimentación me toma alrededor de 90 minutos. Esto se debe a que envío a los clientes un cuestionario preformateado que consiste en más de 80 preguntas sobre su bebé, su nacimiento, salud, crecimiento, equipo de alimentación, patrones de alimentación y comportamiento, patrones de sueño y comportamiento y prácticas de alimentación infantil de los padres, el cual es contestado y devuelto a mí antes de que hablemos. Si tuviera que hacer estas preguntas verbalmente, el proceso tomaría más de dos horas. Un diagnóstico adecuado lleva tiempo.

> La falta de conciencia de las causas del comportamiento significa que una causa física es típicamente culpada por el comportamiento de alimentación aversivo.

Antes de describir las soluciones a la aversión a la alimentación con biberón causada por la presión, debemos abordar un tema muy importante: la posibilidad de un problema físico. Es muy probable que su bebé ya haya sido diagnosticado con una afección médica, o dos o tres, para explicar su comportamiento de alimentación aversiva. Si no es así, probablemente esté preocupado por un problema físico. Así que el siguiente paso es descartar el dolor y las causas físicas.

4 DESCARTAR PROBLEMAS MÉDICOS

Mi experiencia: los problemas médicos rara vez son la causa
Es poco probable que el dolor sea la causa si
Condiciones físicas que causan dolor
Diagnóstico erróneo: reflujo ácido y alergia o intolerancia a la leche
El laberinto médico
Medicamentos y cambios de fórmula
Soluciones de "curitas" para mantener el crecimiento

Me rompe el corazón ver a Izan sufriendo y no poder ayudarlo. Hasta ahora lo hemos llevado a tres médicos diferentes. Ha estado tomando cuatro medicamentos y hemos cambiado su fórmula tres veces. Ahora está en una fórmula hipoalergénica. Nada parece ayudar. Estoy tan preocupada de que esté sufriendo por un problema físico que los médicos han pasado por alto. –Estella

Como la mayoría de los padres que se enfrentan a la cruda realidad de la aversión a la alimentación infantil, Estella sospecha que los problemas de su bebé se deben al dolor debido a un problema físico. Observé a Izan alimentándose. Aunque en realidad estaba angustiado en los momentos de alimentación, su comportamiento en otros momentos no indicaba que el dolor fuera el responsable de su angustia. Estella comentó más tarde que Izan era un bebé feliz, excepto cuando se alimentaba, y que dormía bien. Este no sería el caso si tuviera un problema físico que le causara dolor.

Los bebés que se vuelven reacios a alimentarse a menudo muestran un comportamiento angustioso al momento de la alimentación que pueden parecer dolorosos. Aunque el dolor es una de las razones **menos probables** para que los bebés **sanos** desarrollen aversión a la alimentación con biberón, es, con mucho, **la causa que se culpa con más frecuencia**. Como causa potencial, debe ser evaluada.

Si usted está preocupada – como la mayoría de los padres – de que los problemas de alimentación de su bebé se deban a un problema físico o condición médica que hace que sea doloroso para él alimentarse, ¡el diagnóstico correcto es su prioridad número uno! **Usted** puede saber si el comportamiento angustiado de su bebé se debe al dolor y si tiene un problema físico. Solo necesita saber qué señales buscar.

Mi experiencia: los problemas médicos rara vez son la causa

La mayoría de los bebés que veo con respecto a una aversión a la alimentación con biberón no sienten dolor, ni tienen una afección médica. Sin embargo, el 98 por ciento de los casos de aversión a la alimentación con los que estoy involucrada habían sido diagnosticados con reflujo ácido y tratados con uno o varios medicamentos. Cuarenta por ciento fueron diagnosticados con alergia o intolerancia a la leche y cambiaron a una fórmula hipoalergénica, por lo general después de que los medicamentos para tratar el reflujo ácido no lograron hacer una diferencia en el comportamiento alimenticio del bebé. ¡Sorprendentemente, en la mayoría de los casos, los padres reportaron que su bebé no tenía señales físicas observables o comportamientos consistentes con estas condiciones! Es decir, además de alimentar el rechazo y el crecimiento deficiente: ambos ocurren también con las aversiones a la alimentación conductual. Después de describir las diversas formas en que se presiona a los bebés para que se alimenten, el 100 por ciento de los padres admitieron que habían estado presionando repetidamente a su bebé porque estaban preocupados por la ingesta de leche o el crecimiento de su bebé.

Por lo general, los padres solo me consultan con respecto a un problema de alimentación infantil una vez que han agotado las opciones médicas. Así que no estoy insinuando que no existan condiciones médicas como el reflujo ácido, la alergia a las proteínas de la leche y otras. O que estas condiciones no pueden hacer que los bebés se vuelvan reacios a alimentarse. Simplemente estoy señalando que el diagnóstico erróneo de la causa de la aversión a la alimentación infantil es inquietantemente común.

Su tarea en este punto es determinar si el comportamiento de alimentación angustiado de su bebé ocurre porque es doloroso alimentarlo o debido a otras razones.

Descartar problemas médicos

Es poco probable que el dolor sea la causa si

Es relativamente fácil **descartar** el dolor como la causa de la conducta de alimentación angustiada o conflictiva de un bebé evaluando cómo responde en otras circunstancias. Es **poco probable** que el dolor sea el responsable si...

... el bebé es feliz cuando usted deja de darle de comer

Si el bebé es feliz tan pronto como usted deja de tratar de alimentarlo, el dolor probablemente no sea la causa de sus problemas de alimentación. El dolor desaparece; no desaparece repentinamente solo porque el alimento haya terminado.

... el bebé está contento entre comidas

Si el bebé está contento entre comidas, es probable que el rechazo a la alimentación no se deba al dolor. Las molestias asociadas con el reflujo ácido, la alergia o intolerancia a las proteínas de la leche o el estreñimiento crónico no se limitan a los tiempos de alimentación. Su bebé estará angustiado en momentos aleatorios día y noche, además de las horas de alimentación si está sufriendo dolor debido a un problema físico.

... el bebé se alimenta bien en ciertas situaciones

Si el bebé se alimenta bien de forma predecible en ciertas situaciones, por ejemplo, durante la noche o mientras está somnoliento o dormido, probablemente pueda descartar el dolor. Si el dolor fue responsable de la angustia mientras se alimentaba durante el día o mientras estaba despierto, usted esperaría que él también experimentara dolor mientras se alimentaba por la noche o cuando dormía.

Si todavía está preocupado

Ya sea que su bebé muestre un comportamiento que signifique que el dolor es improbable o no, es posible que usted todavía esté preocupado por una causa física. Así que su próxima tarea es determinar si muestra algún signo o síntoma que apunte a un problema físico. Usted podría estar pensando: "Seguramente esto es algo que es mejor dejarle a su médico". Sí y no. Siga leyendo para entender por qué le recomiendo que lo compruebe.

Condiciones físicas que causan dolor

Una serie de afecciones pueden hacer que sea doloroso o difícil para un bebé succionar, tragar o alimentarse, entre ellas:

- Reflujo ácido (también llamado enfermedad de reflujo gastroesofágico o GERD).
- alergia a las proteínas de la leche
- gastroparesia (retraso en el vaciado gástrico)
- estreñimiento
- úlceras bucales
- candidiasis oral severa
- inexperiencia
- con el frenillo de la lengua corto.

Signos y síntomas

Estas condiciones **tienen señales físicas y síntomas de comportamiento claramente observables**. Como cuidador de su bebé, usted puede ver cualquier signo físico tan fácilmente como su médico puede hacerlo durante un examen médico de rutina. Él/ella puede ser capaz de ver la garganta del bebé mejor que usted, pero ahí no es donde los signos físicos serán evidentes **para la mayoría** de las condiciones diagnosticadas como una razón para la aversión alimenticia. Y usted está en mejor posición para identificar los síntomas del comportamiento que un médico. La Tabla 4.1 describe los signos y síntomas asociados con las afecciones comúnmente diagnosticadas.

Tabla 4.1: Condiciones físicas: signos y síntomas

Condición	Síntomas	Evidencia necesaria para probar la responsabilidad	Los signos que indican esta afección son poco probables
Reflujo ácido La incidencia de GERD se estima en 1:300[2]	• Comportamiento angustioso en todas las comidas. • Períodos prolongados de gritos inconsolables separados de la alimentación tanto de día como de noche. • Regurgitación de la leche manchada de sangre. • Poco sueño. • Crecimiento deficiente o pérdida de peso.	• Presencia de síntomas asociados. • Alivio de los síntomas y de la angustia del bebé dentro de las dos semanas siguientes al tratamiento. • Inflamación o ulceración del esófago del bebé vista a través del endoscopio gástrico. **Nota: No es posible** que un médico confirme un diagnóstico de reflujo ácido durante un examen de rutina.	• Ausencia de síntomas asociados. • El bebé se alimenta bien en estado de sueño. • El bebé se calma rápidamente una vez que la comida ha terminado. • El bebé está relativamente contento entre comidas.

Condición	Síntomas	Evidencia necesaria para probar la responsabilidad	Los signos que indican esta afección son poco probables
Alergia a las proteínas de la leche Incidencia 1:50 bebés alimentados con fórmula.[3] 1:200 bebés que reciben solo leche materna.[4]	• Vomitos • Diarrea. • Sangre y mucosidad en las heces. • Signos de reacciones alérgicas como tos, estornudos, sibilancias, secreción nasal, sarpullido o eccema. • Comportamiento angustiado en todas las comidas. • Irritabilidad debida a molestias abdominales. • Poco sueño • Crecimiento deficiente o pérdida de peso. • Anafilaxia. **Nota:** La mayoría de los bebés afectados presentan síntomas alérgicos antes de cumplir un mes de edad, a menudo dentro de la semana siguiente al inicio de la leche de fórmula para lactantes a base de leche de vaca.[5]	• Presencia de síntomas que indican una reacción alérgica. • La sincronización de los síntomas coincide con la introducción de las proteínas de la leche en la dieta del bebé. • Inflamación del tracto intestinal del bebé confirmada por un endoscopio rectal o una prueba de heces con Calprotectin. • Desaparición de los síntomas dentro de las dos semanas siguientes a la eliminación de las proteínas de la leche de la dieta del bebé. **Nota:** Los síntomas alérgicos también se pueden observar con los alérgenos aéreos y de contacto.	• Ausencia de síntomas que indiquen una reacción alérgica. • El bebé alimentado con fórmula ha estado tomando la misma fórmula durante más de una semana sin síntomas. • La dieta de la madre lactante no cambia y el bebé tiene más de un mes de edad.

Descartar problemas médicos

Condición	Síntomas	Evidencia necesaria para probar la responsabilidad	Los signos que indican esta afección son poco probables
Intolerancia a la leche La incidencia se estima entre el 5 y el 15 por ciento.[6]	• Diarrea. • Hinchazón. • Flatulencia extrema. • Angustia en los bebés debido a espasmos intestinales. • Comportamiento de alimentación quisquilloso o rechazo. • Crecimiento deficiente o pérdida de peso.	• Presencia de síntomas. • Desaparición de los síntomas una vez que la fórmula del bebé se cambia a una fórmula hipoalergénica. **Nota:** Las pruebas para la intolerancia a la lactosa no son confiables en los bebés. Se producirán resultados falsos positivos debido a la insuficiencia transitoria de lactasa (también conocida como sobrecarga de lactosa) que se asocia con la sobrealimentación.	• Ausencia de síntomas gastrointestinales. Si se presentan síntomas gastrointestinales y el aumento de peso del bebé es bueno, evalúe la posibilidad de una sobrecarga de lactosa. (Ver Capítulo 5).
Gastro-paresia Incidencia desconocida	• Vómitos. • Eructos excesivos. • Hinchazón - el abdomen se ve distendido. • Poco apetito. • Comportamiento de alimentación quisquilloso o rechazo. • Crecimiento deficiente o pérdida de peso.	• Estudio de vaciamiento gástrico. • Trago de bario.	• Crecimiento saludable. • Si se presentan síntomas gastrointestinales, evalúe la posibilidad de sobrealimentación. (Ver Capítulo 5.)

Condición	Síntomas	Evidencia necesaria para probar la responsabilidad	Los signos que indican esta afección son poco probables
Estreñimiento	• Heces duras, secas y guijarrosas. • Esfuerzo. • Angustia en momentos aleatorios debido a molestias abdominales. • Disminución del apetito. • Comportamiento de alimentación quisquilloso o rechazo.	El diagnóstico se basa en la apariencia de heces de guijarros duras y secas. **Nota:** Los episodios breves y aleatorios de estreñimiento serían una causa poco probable de aversión alimentaria.	• Movimientos intestinales suaves o acuosos.
Úlceras bucales	• Úlceras visibles en las encías, lengua, interior de las mejillas o en el paladar. • Comportamiento de alimentación quisquilloso o rechazo.	Las úlceras son claramente visibles dentro de la boca del bebé.	Ausencia de úlceras
Afta bucal	• Parches blancos en la lengua, las encías, la cara interna de las mejillas, el paladar o la parte posterior de la garganta del bebé. • Úlceras bucales.	Presencia visible de úlceras bucales acompañadas de manchas blancas dentro de la boca del bebé.	Ausencia de signos visibles o presencia de candidiasis bucal leve sin ulceración. **Nota:** La candidiasis bucal, a diferencia de la candidiasis bucal en el trasero del bebé, rara vez es dolorosa. Necesitaría ser muy severa, hasta el punto de ulceración, para evitar que el bebé se alimente.

Descartar problemas médicos

Condición	Síntomas	Evidencia necesaria para probar la responsabilidad	Los signos que indican esta afección son poco probables
Dentición	• Un nuevo diente visible en la superficie de la encía. • Encía hinchada. • Ampolla de sangre en el chicle. • Comportamiento de alimentación quisquilloso o rechazo. • Rechazo entre comidas. • Poco sueño.	Signos visibles de que el diente está a punto de erupcionar o ya está erupcionando a través de la superficie de la encía.	No hay signos visibles de dientes o encías inflamadas. **Nota:** La incomodidad de la dentición rara vez dura lo suficiente como para causar aversión a la alimentación.
Frenillo de la lengua corto La corbata de lengua no causa dolor pero la corbata de lengua puede ser cortada.	• Un patrón de succión descoordinado. • Fuga de leche de la boca mientras se alimenta. • Los problemas de succión serán evidentes desde el momento del nacimiento. **Nota:** Un lazo de lengua es más probable que afecte la capacidad del bebé para amamantar que la alimentación con biberón.	• Evidencia visible de un frenillo de la lengua corto cuando es examinado por un profesional de la salud. • Mejora en la alimentación después de un corte de lengua (frenectomía).	• Historia de succionar bien de una botella. • El bebé succiona bien mientras está somnoliento

Si su bebé muestra cualquier signo inusual que pueda indicar enfermedad o un problema físico, o si le preocupa que su bebé esté sufriendo de dolor debido a una condición médica, pídale a un médico que lo examine.

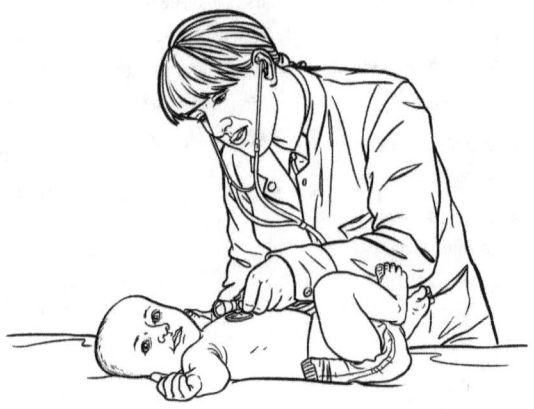

Tratamientos

Un médico puede prescribir o recomendar una serie de tratamientos para aliviar la incomodidad o el dolor asociado con estas afecciones. Estos incluyen:

- **Medicamentos que suprimen el ácido,** como un bloqueador del receptor H2 (p. ej., ranitidina y famotidina) o un inhibidor de la bomba de protones (p. ej., omeprazol, lansoprazol y esomeprazol), pueden ser recetados para tratar el reflujo ácido.
- **Los agentes procinéticos** (p. ej., Domperidona, Metoclopramida, Bethanechol o Eritromicina) se pueden prescribir para tratar la gastroparesia, ya que estos medicamentos hacen que el estómago se vacíe más rápido y, por lo tanto, reducen la regurgitación del contenido estomacal (reflujo).
- **La fórmula infantil hipoalergénica** se puede recomendar para tratar la alergia o intolerancia a la proteína de la leche de vaca y a la proteína de soja.
- **Los aperitivos,** también llamados laxantes, pueden ser recomendados para tratar el estreñimiento.
- **Los geles anestésicos locales** suaves pueden ser recomendados para adormecer la sensación de incomodidad causada por las úlceras bucales.
- **Los analgésicos,** también conocidos como calmantes, pueden ser sugeridos para aliviar el malestar que se cree que es causado por la dentición.
- **Los medicamentos antimicóticos** se pueden recomendar como tratamiento para una infección oral por candidiasis bucal.

Nota: Los medicamentos y la fórmula hipoalergénica **no curan** estas afecciones, sino que alivian o minimizan los síntomas causados por ellas. Un tratamiento eficaz, que en el caso del reflujo ácido, la alergia o intolerancia a las proteínas de la leche y la gastroparesia puede necesitar ser continuado a largo plazo, aliviará el dolor asociado con estas afecciones. Por lo tanto, el dolor ya no reforzará el comportamiento de alimentación aversiva del bebé y su miedo y evasión de alimentarse se desvanecerán y desaparecerán en cuestión de días o dos semanas… **siempre y cuando el dolor sea la causa.**

Por qué fracasan los tratamientos médicos

La aversión alimenticia de su bebé podría continuar a pesar del tratamiento médico por tres razones:

1. **Tratamiento ineficaz**: La afección permanece y continúa causando dolor.
2. **Causas combinadas**: cuando el dolor pasa, ya sea naturalmente o debido a un tratamiento efectivo, la aversión alimentaria del bebé puede continuar debido a que ha sido presionado repetidamente para que se alimente o debido a otra razón enumerada en el Capítulo 1.
3. **Diagnóstico erróneo**: Si el bebé no muestra signos o síntomas asociados con el problema diagnosticado, es posible que haya sido diagnosticado erróneamente.

Si su bebé es uno de un pequeño porcentaje de bebés afectados por una afección médica, no asuma que es la causa de su aversión a la alimentación y, por lo tanto, ignore otras posibilidades. Una condición médica no le impedirá desarrollar una aversión alimenticia conductual. De hecho, **aumenta el riesgo** si su negativa a comer debido a la incomodidad causada por una afección médica se cumple con la presión.

Diagnóstico erróneo: reflujo ácido y alergia o intolerancia a la leche

El diagnóstico erróneo del reflujo ácido y la alergia a la leche o la intolerancia a la leche como causas de la aversión a la alimentación infantil, y muchos otros problemas de comportamiento en el cuidado del bebé que causan angustia a los bebés, es generalizado en las sociedades occidentales.

Le pregunté a Mark, un gastroenterólogo pediátrico australiano, por qué pensaba que a los bebés se les diagnostica con tanta frecuencia el reflujo ácido y la alergia a las proteínas de la leche para explicar el comportamiento de alimentación repulsiva. Él respondió: "Por supuesto, asumimos que se han evaluado las razones de comportamiento antes de que un paciente nos sea remitido. Nuestro trabajo es diagnosticar o descartar causas orgánicas (físicas)". Me pregunto, ¿cuántos profesionales de la salud asumen que alguien más ya ha evaluado y descartado las causas del comportamiento cuando éste no ha sido el caso?

Los médicos están entrenados para diagnosticar **condiciones médicas**, y eso es lo que hacen. A menudo, sin preguntar a los padres sobre sus prácticas de alimentación infantil, en particular si están presionando a su bebé para que se alimente, y en muchos casos sin signos físicos observables o síntomas de comportamiento que indiquen la afección diagnosticada.

Un diagnóstico de reflujo ácido y alergia o intolerancia a la leche puede **basarse** únicamente en la percepción de los padres de que la conducta de alimentación angustiante o conflictiva de un bebé se debe al dolor. O porque el reflujo ácido y la alergia a las proteínas de la leche son dos razones **físicas** comunes para que los bebés experimenten dolor mientras comen. O basado en otras suposiciones erróneas, como éstas:

¿VERDADERO O FALSO?

1. El reflujo ácido es una causa común de aversión a la alimentación.

FALSO: Aunque el reflujo ácido puede causar aversión a la alimentación, es raro que los bebés **normales y sanos** sufran de reflujo ácido. Pero es alarmantemente común que los bebés sanos sean mal diagnosticados con reflujo ácido durante consultas breves, simplemente porque no se entiende la razón del llanto, la alteración del sueño o la negativa a alimentarse.

2. El arqueamiento de la espalda es un signo de reflujo ácido.

FALSO: El síndrome de Sandifer, en el que un bebé gira la cabeza hacia un lado y se retuerce de dolor, está asociado con el reflujo ácido. El arqueamiento de la espalda no proporciona evidencia de reflujo ácido. Los bebés sanos normales giran la cabeza o el arco hacia atrás para distanciarse de algo que quieren evitar. Los bebés preocupados por una aversión a la alimentación debido a cualquier razón, la más común es la presión, se arquearán hacia atrás para evitar que sus padres se lleven el biberón a la boca o traten de separarse del biberón. Lo hacen para evitar una situación que han aprendido que es desagradable o estresante.

3. Cuando un bebé solo se alimenta mientras duerme, esto indica que tiene reflujo ácido

FALSO: El sueño no desensibiliza al bebé al dolor. Si el dolor es responsable del comportamiento de alimentación repugnante de un bebé mientras está despierto, entonces el dolor hará que el bebé se despierte y llore en angustia cuando se intente alimentarlo durante el sueño. (En el Capítulo 3 se explica por qué los bebés que son reacios a alimentarse con biberón chupan bien durante el sueño.)

4. La sangre en las heces proporciona pruebas de alergia o sensibilidad a las proteínas de la leche

TAL VEZ: La sangre **en** las heces se asocia comúnmente con alergia o intolerancia a las proteínas de la leche. Pero la sangre en las heces puede deberse a otras causas, por ejemplo, a una infección intestinal, y la "colitis inespecífica" (que significa que la causa es desconocida) puede causar sangre **en** las heces.[7] Las rayas o manchas de sangre **en** las heces pueden deberse a un pequeño desgarro en el interior del ano del bebé debido a la evacuación de heces estreñidas o a la sobrecarga de lactosa, que causa heces ácidas que queman el ano y el trasero del bebé.

5. Los bebés son a menudo sensibles a los alimentos que consumen las madres lactantes.

FALSO: Si su bebé alimentado con biberón recibe leche materna, usted puede sentirse aliviada al saber que la mayoría de las madres pueden comer lo que les gusta sin afectar a sus bebés. Se cree que la incidencia de bebés que reaccionan a los alimentos ingeridos por la madre es de 1:200.[8] Sin ningún signo gastrointestinal anormal como movimientos intestinales frecuentes y explosivos, mucosidad o sangre en las heces, es muy poco probable que el bebé reaccione a los alimentos ingeridos por la madre. En los casos en los que hay signos gastrointestinales anormales, es mucho más probable que estén relacionados con la **sobrecarga de lactosa** (explicado en el Capítulo 5), que es un problema común de la lactancia materna que ocurre cuando la madre tiene un exceso de leche materna. En el caso de un bebé próspero alimentado con biberón, la sobrealimentación es una causa común de síntomas gastrointestinales anormales, como vómitos y heces con olor fétido frecuente, ya sea que el bebé reciba leche materna o fórmula.

6. Los bebés son demasiado pequeños para desarrollar problemas de comportamiento

FALSO: Muchas personas asumen que "comportarse" implica que el niño está actuando de una manera traviesa o manipuladora. Y debido a que los bebés no pueden comportarse de esta manera, no consideran la posibilidad de problemas de comportamiento. 'Comportamiento' no implica que el bebé se esté comportando de una manera deliberadamente difícil.

Los bebés experimentan problemas de comportamiento. De hecho, los problemas de comportamiento son las razones más comunes para que los **bebés físicamente sanos** se angustien y experimenten problemas para alimentarse y dormir. Por ejemplo, el comportamiento de alimentación aversivo debido a la presión de ser presionado para comer (ver Capítulo 3), la sobrealimentación, que causa síntomas gastrointestinales, es un problema de comportamiento relacionado con el manejo de la alimentación (ver Capítulo 5), y un problema de asociación con el sueño, que causa sueño interrumpido y angustia debido a la privación de sueño, es un problema de comportamiento relacionado con la forma en que el bebé se adapta al sueño (ver Capítulo 12).

Los bebés son jóvenes pero pueden pensar, sentir y recordar de acuerdo a su etapa de desarrollo. He encontrado varios casos de bebés de hasta siete semanas de edad con aversión a la alimentación conductual. De hecho, es alrededor de esta edad cuando el comportamiento problemático en respuesta a la presión de ser presionado a alimentarse primero se hace evidente.

¡Cuidado con el Internet! Está lleno de información errónea sobre los signos de reflujo ácido. Casi todo lo que hace un bebé - por ejemplo, llorar cuando se acuesta, vomitar leche o no vomitar leche en cuyo caso se dice que es un "reflujo silencioso", comer más a menudo de lo esperado supuestamente para aliviar el dolor, negarse a comer supuestamente porque es doloroso comer, sacar la lengua, tener hipo, eructos húmedos y eructos - a menudo se dice que son síntomas de reflujo ácido. De manera similar, hay mucha información errónea acerca de la alergia o intolerancia a la leche. Desafortunadamente, la desinformación no es exclusiva de Internet. También lo difunden los profesionales de la salud y las personas en general.

Cuando usted lee o escucha reclamos falsos de varias fuentes diferentes, usted comienza a creer que son ciertos.

El Laberinto Médico

Cuando las causas **conductuales** y las soluciones para la aversión a la alimentación infantil son desconocidas o pasadas por alto por los padres y los profesionales de la salud, la evaluación de las causas potenciales **se limita** a las causas y soluciones médicas.

Cuando esto sucede, incontables bebés preocupados por la aversión a la alimentación y sus padres quedan atrapados en el laberinto médico durante meses o años - asistiendo a numerosas citas médicas y otras relacionadas con la salud, probando diferentes fórmulas infantiles, múltiples medicamentos y cambios de dosis, y realizando una serie de pruebas de diagnóstico.

Diagrama 4.1: El laberinto médico

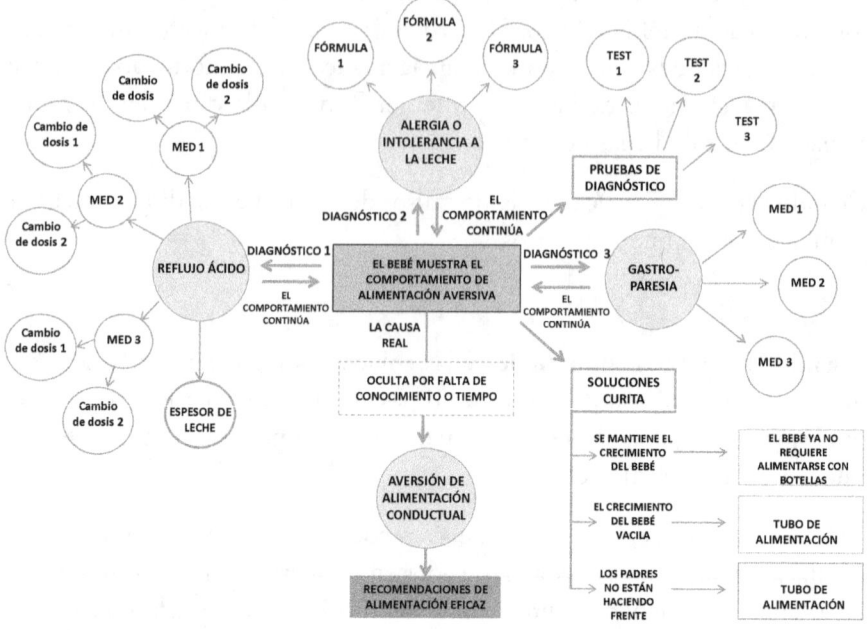

Como puede ver, hay múltiples combinaciones de medicamentos y cambios en la fórmula que podrían ser probados. **Ninguna cantidad de medicamentos o cambios en la dieta hará una diferencia en la aversión a la alimentación del comportamiento**. Si la causa de la aversión de su bebé a la alimentación es conductual, entonces la búsqueda de una solución médica resultará infructuosa.

Cambios en la medicación y en la fórmula

Algunos profesionales de la salud prescriben medicamentos y recomiendan cambios en la dieta usando un enfoque de "Probemos esto y veamos si ayuda", aparentemente creyendo que no le hará daño intentarlo. ¡Pero sí puede! Esto puede complicar aún más la aversión alimentaria del bebé, y de manera innecesaria en los casos en que el bebé no tiene signos físicos que indiquen la afección diagnosticada.

Si a su bebé se le diagnostica una afección médica, verifique si hay signos asociados con la afección o pídale a su médico que le proporcione pruebas o exámenes. No lo ponga simplemente en medicamentos de sabor amargo o fórmula hipoalergénica basada en una suposición, o por desesperación. Y no pase por alto la posibilidad de que ocurra una aversión a la alimentación conductual como resultado de ser presionado a alimentarse (explicado en el Capítulo 3).

Medicamentos supresores de ácido: efectos secundarios

Los efectos secundarios de los medicamentos que suprimen el ácido incluyen dolor de cabeza, náuseas, vómitos, diarrea, estreñimiento, dolor de estómago, calambres intestinales y otros.[9] Un número de efectos secundarios adversos también están asociados con el cambio del equilibrio natural de ácidos dentro del tracto intestinal del bebé como resultado de los medicamentos supresores de ácidos. Estos incluyen un mayor riesgo de alergias alimentarias e infecciones respiratorias y gastrointestinales. Mientras más medicamentos se le administren a un bebé, y mientras más alta sea la dosis, mayor será el riesgo de efectos secundarios.

Muchos bebés requieren que se les obligue a tomar medicamentos de sabor amargo, lo cual tiene el potencial de contribuir a un comportamiento alimenticio desagradable. *Fórmula hipoalergénica: efectos secundarios*

Si un bebé es alérgico a las proteínas de la leche, entonces es necesaria una fórmula hipoalergénica. Sin embargo, cuando se recomienda una fórmula hipoalergénica como estrategia "Probémosla y veamos si ayuda" sin signos de una reacción alérgica, podría tener consecuencias no deseadas.

El sabor desagradable de la fórmula hipoalergénica no le dará muchos incentivos a un bebé que ya es reacio a alimentarse para querer comer. Sin embargo, si la fórmula hipoalergénica es el único alimento que recibe un bebé, eventualmente lo beberá

Soluciones de "curitas" para mantener el crecimiento

Si los medicamentos y los cambios dietéticos mencionados anteriormente no logran resolver los problemas de alimentación del bebé, los profesionales de la salud podrían recomendar una o más de las siguientes estrategias para mantener o mejorar su crecimiento.

- **Alimentos espesos**: Fórmula AR (anti-regurgitación), añadiendo cereal o un espesante de alimentos a la leche materna o a la fórmula del bebé.
- **Alimentaciones de alta energía**: La fórmula de fuerza regular proporciona 20 kilocalorías (kcal) **por onza** (67 kcal **por 100 ml**). Las fórmulas de

alta energía producidas comercialmente varían de 22 kcal a 30 kcal por onza (75 a 100 kcal por 100 ml). Otras maneras en las que se aconseja a los padres aumentar el contenido de energía es añadiendo cucharadas adicionales de fórmula en polvo, o aceites (p. ej., aceite de MTC), o carbohidratos (p. ej., maltodextrina) a la fórmula del bebé o a la leche materna (**Nota:** No aumente el contenido de energía de la alimentación de su bebé sin el permiso de su médico, ya que esto podría tener consecuencias graves y potencialmente mortales si no se hace de manera correcta o por razones equivocadas).

- **Comienza con los sólidos temprano:** A muchos padres se les aconseja que comiencen a alimentar a sus bebés con sólidos a una edad temprana (antes de los cuatro meses de edad) para compensar la reducción de calorías como resultado de la aversión a la alimentación con biberón.
- **Estimulante del apetito:** Ciertos medicamentos antihistamínicos, como la Ciproheptadina (Periactin®), pueden aumentar el hambre y pueden ser recetados con la esperanza de aumentar el deseo del bebé de alimentarse.
- **Tubo de alimentación: Por lo general**, aunque no siempre, se utiliza una sonda de alimentación como último recurso después de que los tratamientos médicos para corregir la aversión alimentaria del bebé han fallado o si su crecimiento se ve seriamente comprometido.

Llamo a estas soluciones "curitas" porque aunque se recomiendan para compensar el crecimiento deficiente que ocurre como consecuencia de una aversión alimentaria **no resuelta, no hacen nada** para corregir la causa subyacente del comportamiento de alimentación aversivo de un bebé.

Pueden ser útiles cuando los bebés tienen problemas **físicos** que les impiden alimentarse bien, o para los bebés con sensibilidad reducida a las señales de hambre, **pero no siempre tienen éxito en resolver los problemas de crecimiento en el caso de la aversión alimentaria, porque no abordan la causa.**

Cuando un bebé es reacio a la alimentación, lo que suele ocurrir como consecuencia del aumento del contenido energético (calorías/kilojulios) de su leche o al darle sólidos a una edad temprana es que obtiene más calorías/kilojulios en su vientre y, como resultado, bebe aún menos leche o evita alimentarse con biberón durante períodos más largos.

Una sonda de alimentación -que impide que el bebé autorregule su ingesta alimenticia (decidir cuánto comer) y, en muchos casos, elimina el incentivo de alimentarse oralmente y niega las oportunidades de desarrollar habilidades oromotoras- abre la puerta a una gama de problemas potenciales en el futuro. La mejor solución es resolver la aversión del bebé a la alimentación con biberón, algo que **no** se logra con las soluciones de curitas.

Cuanto más lejos se aleje una situación de lo que es natural, mayor será el riesgo de complicaciones. He visto muchos casos de aversión a la alimentación **conductual** en los que al bebé se le administraron dos o tres medicamentos supresores de ácido diferentes **al mismo tiempo,** y uno o dos medicamentos procinéticos, además de una fórmula y sólidos de alta energía, espesados e hipoalergénicos. Esta enredada red de posibles efectos secundarios de los medicamentos y otras complicaciones hace que sea aún más difícil averiguar la "causa y efecto" del comportamiento de alimentación aversivo del bebé.

Respuesta al fracaso del tratamiento

Algunas familias están atrapadas en el laberinto médico durante tanto tiempo que agotan todas las opciones médicas. Otros optan por no participar antes y buscan en Internet otras causas potenciales. De cualquier manera, en algún momento, como resultado de un tratamiento fallido, el enfoque se aleja de encontrar una solución médica. Luego se sospecha que el comportamiento de alimentación repugnante del bebé ocurre o continúa como resultado de uno de los siguientes problemas:

- una respuesta psicológica al recuerdo de experiencias de alimentación dolorosas o
- un problema de succión (ver Capítulo 2)
- un trastorno del procesamiento sensorial (descrito en el Capítulo 1) o
- un problema de comportamiento o psicológico debido a una "causa desconocida". (Desconocido porque no se considera la 'presión' - descrita en el Capítulo 3).

Por lo tanto, el bebé puede ser derivado a un profesional de la salud aliado, como un patólogo del habla y del lenguaje (SLP), un terapeuta ocupacional o un dietista pediátrico, donde se puede o no se puede proporcionar una solución eficaz. ¡Para ser eficaz, una solución debe abordar la causa!

No solo los médicos diagnostican mal el reflujo ácido, la alergia a la leche y la intolerancia a la leche porque no entienden la causa de los problemas de alimentación de un bebé. He tenido numerosos padres que dicen que varios profesionales de la salud, como enfermeras pediátricas y de salud infantil, patólogos del habla y del lenguaje, terapeutas ocupacionales, dietistas, naturópatas y otros padres, han culpado a una de las razones médicas descritas en este capítulo. Y así, el bebé podría ser enviado de vuelta a su médico, donde es remitido a otro especialista médico para más pruebas, medicamentos y cambios en la fórmula. Mientras tanto, la verdadera fuente de su afligida alimentación puede seguir siendo pasada por alto y, por lo tanto, reforzada.

Respuesta psicológica al dolor

> *Lorenzo ha estado tomando medicamentos para el reflujo ácido durante dos meses. No ha servido de nada. El médico piensa que ha desarrollado una aversión a la alimentación debido a que recuerda el dolor y aunque ya no es doloroso, tiene miedo de comer porque cree que le causará dolor. ¿Qué puedo hacer para ayudarlo a superar su temor de que el amamantamiento con biberón sea doloroso? – Maria*

Si a pesar del tratamiento, la conducta de alimentación aversiva del bebé continúa, a algunos padres se les dice que esto se debe a que su bebé recuerda el dolor que experimentó mientras comía antes del tratamiento. Aunque es posible que la conducta de alimentación aversiva continúe por un **corto tiempo** después de que el dolor ha sido eliminado, **el recuerdo del dolor** no causa que la conducta aversiva continúe a largo plazo. Recuerde, el comportamiento debe ser reforzado para continuar. Si no hay dolor, entonces la aversión a alimentarse debido al dolor ya no se refuerza.

¿Alguna vez ha tenido una intoxicación alimentaria realmente grave, y cuando se encuentra de nuevo con esa comida, la rechaza porque el solo hecho de pensar en comerla le provoca náuseas? Este es un ejemplo de un evento físico que causa aversión. Si, a pesar de estos sentimientos, volviera a comer esta comida y no sufriera ningún efecto negativo, entonces su aversión disminuiría. Continúa desvaneciéndose con eventos repetidos sin incidentes hasta que usted está completamente por encima de su aversión. De manera similar, cuando el bebé experimenta múltiples alimentaciones sin dolor, entonces su miedo al dolor durante la alimentación **desaparece en cuestión de días** y también lo hace su comportamiento aversivo.

Maria esperó meses a que el comportamiento aversivo de Lorenzo se resolviera. Pero Lorenzo no sufrió de reflujo ácido. Su aversión a alimentarse se debió a que lo presionaron para que se alimentara. Mientras esperaba que 'el recuerdo del dolor' se desvaneciera, Maria continuó presionándolo para que se alimentara; de ahí que el comportamiento de Lorenzo continuara.

¡Escapa del laberinto!

Si su profesional de la salud ha pasado por alto la 'presión' como causa potencial de la aversión alimentaria de su bebé, entonces debe considerarla. Podría liberarle del laberinto médico, ahorrarle tiempo, dinero y, lo más importante de todo, la salud y el bienestar de su bebé.

Independientemente de si los problemas de su bebé comenzaron como resultado de un problema físico, como el reflujo ácido o la alergia a las proteínas de la leche, o de la presión para alimentarse, o de otra razón descrita en el Capítulo 1, es muy probable que haya sido presionado para alimentarse de manera sutil u obvia. También es posible que la presión sea actualmente **lo único** que refuerce su comportamiento.

Antes de explicar cómo resolver la aversión a la alimentación de un bebé que se ve reforzada por la presión, usted necesita identificar los errores - los suyos o los de su profesional de la salud - que podrían haber causado que usted sienta que necesita presionarlo para que coma. Si no lo hace, podría impedir que resuelva su aversión a la alimentación y podría tener problemas similares de alimentación con cualquier futuro bebé que tenga, por las mismas razones.

Los padres se sienten obligados a asegurarse de que su bebé coma por muchas razones. Estos se dividen en diferentes categorías en función de los siguientes errores:

- **Error 1:** Creencia de que los padres deben controlar cuánto come el bebé. (Explicado en el Capítulo 5).
- **Error 2:** Sobreestimar las necesidades de leche del bebé. (Explicado en el Capítulo 6).
- **Error 3:** Expectativas poco realistas con respecto al crecimiento del bebé. (Explicado en el Capítulo 7).
- **Error 4:** Suponiendo que el bebé no está comiendo lo suficiente porque no está comiendo o ganando tanto como se esperaba. (Explicado en el Capítulo 7).

En el siguiente capítulo analizaremos su papel cuando alimente a su bebé. Entender esto puede ayudar a aliviar la presión que siente al alimentar a su bebé y puede ayudar a romper el ciclo de la aversión a la alimentación.

PARTE B: Corregir las percepciones erróneas

5 CONOZCA SU PAPEL

> Error 1: Creer que los padres deben controlar cuánto come el bebé
> ¿Puede el bebé autorregular su ingesta de alimentos?
> Sus responsabilidades al alimentar a su bebé
> ¿Cuánto apoyo necesitan los bebés?
> Problemas de autorregulación alimentaria
> Subalimentación
> Sobrealimentación

Eva (de 8 semanas de edad) no necesita alimentos. No muestra el hambre como los demás bebés. Incluso, después de dormir 6 horas seguidas por la noche, no se despierta con hambre. La alimento cada 3 horas. Ella toma 2 onzas en 5 minutos y luego actúa como si eso fuera suficiente. Pero no es suficiente. Puede llevarme de 30 minutos a una hora conseguir que se tome el resto del biberón. Estoy segura de que se morirá de hambre si no le hago beber. – MARTINA

No está claro si Eva ha desarrollado una aversión a la alimentación basada en la descripción de Martina. Me preocupa que pueda seguir por ese camino. Observo a Martina alimentando a Eva y confirmo que las ruedas que conducen a una aversión a la alimentación están en movimiento. Eva acepta el biberón, pero desde el principio de la alimentación, Martina la incita constantemente a seguir chupando moviendo el biberón. Cuando Eva se detiene después de beber dos onzas, Martina trata de hacerla continuar manipulando su mandíbula. Eva se está alterando mucho, así que Martina se detiene y trata de hacerla eructar. Eva se calma cuando se le quita el biberón y se sienta, pero llora tan pronto como Martina se recuesta para continuar con la alimentación.

Martina está cometiendo una serie de errores comunes. No le está dando a Eva el tiempo suficiente para demandar alimentos, no la deja que marque el ritmo de la comida, y no deja que Eva decida cuando ha terminado. En cambio, Martina está tratando de controlar cuándo, cuánto y qué tan rápido come Eva. Si sigue así, el comportamiento alimenticio y la ingesta de leche de Eva podrían empeorar. Así que le explico a Martina las responsabilidades de ella y de Eva en la relación de alimentación y cómo responder a las señales de comportamiento de Eva. Este es el tema de este capítulo.

Error 1: Creer que los padres deben controlar cuánto come el bebé

Tratar de darle de comer a un bebé cuando no quiere no es divertido. Puede ser tan estresante para los padres como para los bebés. Entonces, ¿por qué algunos lo hacen? Los padres presionan a sus bebés para que se alimenten con amor. Les preocupa que su bebé no duerma, se deshidrate, no aumente de peso lo suficiente, se enferme o muera si no se aseguran de que su bebé consuma lo que creen o se les ha dicho que es una cantidad mínima de leche. En los casos en que un bebé ha desarrollado aversión a la alimentación, los padres presionan u obligan a su bebé a alimentarse porque no saben cómo remediar la situación.

A muchos padres se les enseña a creer que deben controlar cuánto come su bebé, ya sea por parte de profesionales de la salud o miembros de la familia. Esto podría ser necesario en circunstancias inusuales, como un bebé que es incapaz o que come lo suficiente para un crecimiento saludable debido a un problema físico o neurológico. Pero no es el caso de los bebés y niños normales y sanos que son físicamente capaces de comer. La mayoría de los bebés sanos son capaces de decidir cuánto necesitan comer

La creencia de que un padre debe controlar cuánto bebe un bebé alimentado con biberón saludable tiene defectos. Considere esto. La lactancia materna es la norma de alimentación biológica para un bebé y usted no puede controlar cuánto bebe un bebé amamantado, ¿verdad? Entonces, ¿por qué necesitaría controlar cuánto bebe un bebé alimentado con biberón? Entiendo por qué los padres pueden creer esto en el caso de la aversión a la alimentación infantil, porque su bebé se niega a comer lo suficiente, pero aun así es un pensamiento imperfecto.

Independientemente de las razones o intenciones, tratar de controlar cuánto come un bebé puede tener el efecto opuesto al deseado.

> Tratar de hacer que un bebé o un niño coma en contra de su voluntad es La manera MÁS efectiva de evitar que se alimente y coma.

Un bebé sano puede necesitar **apoyo** mientras se alimenta, pero no necesita que otros lo **controlen**.

¿Puede el bebé autorregular su ingesta de alimentos?

Aunque los bebés no pueden obtener sus propios alimentos y no pueden elegir alimentos saludables, pueden autorregular **su ingesta** – decidir cuándo y cuánto necesitan comer. Los bebés y los niños son sensibles al contenido energético (calorías o kilojulios) de los alimentos y, por lo tanto, pueden regular el tamaño y el horario de las comidas.

Los bebés neurológicamente normales nacen con capacidades de regulación de la energía. En términos sencillos, esto significa que pueden decidir cuánta comida necesita su cuerpo para mantener un crecimiento saludable de acuerdo con su tamaño y forma determinados genéticamente. Esto no es algo que necesiten aprender o pensar. Ya está programado en su cerebro subconsciente en el momento del nacimiento.

Los mecanismos finamente afinados en el cerebro y el cuerpo del bebé le ayudan a responder a las condiciones cambiantes para mantener un estado interno de equilibrio o armonía. Esto le permite reconocer cuándo tiene hambre y decidir cuándo dejar de comer. Tienen en cuenta las variaciones energéticas de los alimentos que consume, su tasa de crecimiento, su metabolismo y el gasto energético relacionado con la actividad, y controlan su apetito. Por ejemplo, cuando su nivel de azúcar en la sangre cae por debajo de cierto punto, su cuerpo libera hormonas que causan malestar debido al hambre. La sensación de saciedad a medida que su estómago se expande le indica cuándo debe dejar de comer. Y la sensación de satisfacción a medida que la digestión de grasa y proteína ocurre en su tracto intestinal la lleva a través hasta la próxima vez que su cuerpo necesita comida.

1. Para autorregular la cantidad de leche extraída de un biberón, el bebé necesita tener la capacidad de:
2. indicar el hambre
3. succionar eficazmente durante el tiempo necesario para recibir suficientes nutrientes

4. Parar cuando haya tenido suficiente, además de…
5. **Tiene que querer comer.**

Todo lo que el bebé necesita hacer para autorregular su ingesta para satisfacer sus necesidades de crecimiento y energía es seguir sus sensaciones internas de hambre y satisfacción. No todos los bebés son físicamente capaces de señalar el hambre y/o consumir lo suficiente para un crecimiento saludable, por ejemplo, los bebés prematuros, los bebés enfermos, los bebés con deterioro neurológico o los bebés que tienen problemas para succionar eficazmente.

Cuando el bebé es reacio a la alimentación

En el caso de la aversión a la alimentación, el bebé **carece del deseo de comer**. Ignorará sus señales internas de hambre hasta que esté hambrienta y se separará de la comida antes de alcanzar la satisfacción. Lo hace porque considera que la experiencia de alimentarse mientras está despierta es molesta o estresante, y no porque sea **incapaz** de saber cuánto necesita su cuerpo.

Le explicaré cómo resolver su aversión a la alimentación a partir del Capítulo 9, pero primero me gustaría que entendiera más sobre las capacidades de autorregulación de su bebé y sus responsabilidades al alimentarlo. Esto puede ayudarle a sentirse más cómodo siguiendo mis reglas y recomendaciones de alimentación.

Sus responsabilidades

Usted es la clave para resolver la aversión alimentaria de su bebé. Para prevenir o resolver la aversión a la alimentación de un bebé, es necesario que usted cumpla con su papel al alimentar a su bebé. La dietista canadiense Ellyn Satter acuñó el término "División de Responsabilidad" para definir el papel de los padres y del niño en relación con la alimentación.[10]

División de responsabilidades

- El padre es responsable de **qué**.
- El menor es responsable de **cuánto** (y de todo lo demás).

Independientemente de las razones por las que haya comenzado a presionar a su bebé para que coma, debe dejar de hacerlo. **Usted no es responsable de cuánto come**. Esa es la responsabilidad de su bebé. Sin embargo, usted tiene ciertas responsabilidades cuando se trata de alimentarlo, las cuales difieren dependiendo de sus habilidades físicas. Aclaremos sus responsabilidades cuando alimente a su bebé.

Sus responsabilidades incluyen:

- Ofrecer alimentos cuando el bebé indique que tiene hambre, o si es un bebé no exigente, ofrecerlos a intervalos regulares apropiados para su etapa de desarrollo.
- Seleccionar un equipo de alimentación adecuado que le permita acceder fácilmente a la leche a un ritmo que pueda manejar cómodamente (es decir, no demasiado lento o rápido). Y aliméntelo en una posición que le permita chupar eficazmente. (Ver Capítulo 2).
- Alimentarlo en un ambiente que le ayude a permanecer atento a la alimentación
- Observar su comportamiento mientras se alimenta. Si se pone ansioso, tiene que averiguar qué es lo que le preocupa y responder en consecuencia.
- Terminar la alimentación cuando él indique que ya ha tenido suficiente.

La responsabilidad de su bebé es decidir si aceptará lo que usted le ofrece y cuánto beberá. **No** debe presionarlo, coaccionarlo, engatusarlo, distraerlo o tratar de engañarlo para que acepte la botella o beba más de lo que está dispuesto a beber.

Es posible que también tenga que apoyarlo para que pueda alimentarse de manera efectiva y satisfactoria. La cantidad de apoyo que necesita un bebé en las horas de alimentación depende de su nivel de madurez.

¿Cuánto apoyo necesitan los bebés?

La capacidad de un bebé sano para autorregular su ingesta alimenticia varía de acuerdo con su etapa de desarrollo. Y también lo hace el nivel de apoyo requerido de los cuidadores. La Tabla 5.1 coincide con la edad con la capacidad de autorregulación de la dieta.

Tabla 5.1: Capacidad de regulación de la dieta para la edad

	Señal de hambre	Chupar con eficacia	Señal de saciedad
Prematuro (antes de alcanzar la fecha esperada de nacimiento)	Capacidad nula o limitada	Capacidad nula o limitada	Capacidad nula o limitada
Del nacimiento a los 2 meses	Capaz	Capaz	Capacidad limitada
Capacidad limitada	Capaz	Capaz	Capaz

Nota: Las capacidades de un bebé pueden variar de la tabla anterior dependiendo de su salud y sus capacidades físicas.

Bebé prematuro

Antes de las 36 semanas de gestación, los bebés prematuros en general no pueden autorregular su ingesta de leche. No dan señales claras de hambre. Están despiertos solo por breves períodos de tiempo. Tienen una débil o inexistente succión y se cansan rápidamente mientras se alimentan. Por necesidad, los profesionales de la salud que participan en la atención del bebé mientras están en una guardería de cuidados especiales decidirán qué, cuándo y cuánta leche consume. Las enfermeras emplearán métodos de alimentación que aseguren que reciba una cantidad predeterminada. Una vez dado de alta del hospital, los padres del bebé asumen las responsabilidades de alimentación.

A partir de las 36 semanas de gestación, la mayoría de los bebés prematuros física y neurológicamente sanos **pueden indicar hambre y succionar eficazmente**. Muchos bebés que nacen antes de las 36 semanas logran habilidades similares alrededor del momento en que alcanzan las 36 semanas de gestación, pero no todos. Algunos lo hacen en una etapa posterior. Otros que nacieron extremadamente prematuros o que experimentaron complicaciones como resultado de su prematuridad o discapacidades congénitas podrían tener dificultades para alimentarse y necesitar apoyo adicional a largo plazo.

Siempre y cuando el bebé no tenga problemas de salud importantes que afecten su capacidad de succión, su capacidad de autorregular su ingesta alimentaria será similar a la de los bebés nacidos a término de la misma edad en el momento de lo que hubiera sido su fecha de nacimiento. Por favor, utilice "edad ajustada"– la edad que tendría ahora si hubiera nacido en la fecha prevista de parto – cuando considere las habilidades de autorregulación de un bebé prematuro a partir de ese momento. Reste el número de semanas que nació antes de tiempo de su edad **real** para calcular su edad **ajustada**.

Desde el nacimiento hasta los tres meses

Los bebés normales y sanos a término, y los bebés prematuros una vez que alcanzan la fecha de nacimiento esperada, tienen la capacidad de señalar el hambre, y son lo suficientemente fuertes como para alimentarse con un poco de apoyo de sus padres.

A esta edad el reflejo de succión del bebé está presente. Un reflejo es una respuesta automática e involuntaria. El reflejo de succión se desencadena por la presión en la parte superior de la lengua del bebé y en el techo de su boca por el pezón de su madre, la tetina de un biberón, un chupete, sus dedos o el dedo de uno de sus padres. El reflejo de succión es fuerte al nacer, se desvanece con el tiempo y desaparece completamente entre los tres y cuatro meses de edad.

En las primeras semanas, el bebé tiene una capacidad limitada para controlar la velocidad de flujo de un biberón y señalar cuándo ha tenido suficiente mientras se desencadena su reflejo de succión. Pero alrededor de las seis a ocho semanas de edad puede indicar saciedad (es decir, que su hambre está satisfecha) y dejar de chupar cuando ya ha tenido suficiente.

Señales de hambre

Desde el nacimiento hasta los tres meses, sus síntomas de hambre incluyen:

- lamerse o abofetearse los labios
- chuparse el labio, la lengua, los dedos o el puño
- estar inquieto
- mover la cabeza hacia adelante y de lado a lado con la boca abierta.
- abrir bien la boca al tocar el mentón, la mejilla o los labios
- quejarse y llorar.

Nota: Tenga en cuenta que los recién nacidos se comportarán de esta manera por razones distintas al hambre. Por lo tanto, es posible que también tenga que considerar el contexto, por ejemplo, el tamaño y el momento de la alimentación anterior del bebé. Esto le ayudará a determinar si el hambre es la razón más probable de estos comportamientos.

Señales de saciedad (satisfacción)

Desde el nacimiento hasta los tres meses sus señales de saciedad incluyen:

- la succión se ralentiza y se detiene
- mandíbula relajada
- soltar el pezón
- labios cerrados
- voltear la cabeza
- tiene un aspecto estable y relajado
- los brazos y las piernas están estirados
- se queda dormido.

Más de tres meses

A esta edad, el reflejo de succión de un bebé sano ha desaparecido y puede autorregular su ingesta alimentaria para que se adapte a sus necesidades de crecimiento y de energía. Puede indicar hambre, chupar eficazmente con un apoyo mínimo, y puede indicar saciedad y detenerse cuando quiere detenerse.

A estas alturas, su memoria ha aumentado y ha desarrollado mayores habilidades para comunicarse que a una edad más temprana. Él le hará saber si no está satisfecho con la cantidad de leche que está recibiendo y si no está contento con la respuesta que recibe a sus señales de comportamiento mientras se alimenta (y en otros momentos). Expresará frustración y enojo, quejándose, llorando, gritando y golpeando con los movimientos del cuerpo si se pasan por alto sus señales de hambre o saciedad o si algo la molesta o le molesta mientras se alimenta. Él se opondrá y se resistirá enérgicamente si usted trata de hacer que acepte un alimento si no quiere comer o si usted trata de hacer que beba más de lo que él quiere. Y resistir con mayor intensidad a medida que se hace más grande, más fuerte y más consciente.

Señales de hambre

Durante tres meses, sus síntomas de hambre incluyen:

- quejarse o llorar
- emocionarse al ver la botella
- inclinarse o alcanzar la botella
- abrir la boca para aceptar el pezón
- chupar vigorosamente una vez que el pezón está en su boca.

Señales de saciedad (satisfacción)

Durante tres meses, sus signos de saciedad incluyen:

- dejar de chupar
- masticar el pezón o moverlo alrededor de la boca
- sacar el pezón de la boca con la lengua.
- cerrar la boca
- apartar la cabeza de la botella
- empujar la botella.

Si su bebé no ha demostrado que puede autorregular su ingesta de leche a esta edad, puede ser porque usted no le ha dado la oportunidad. O puede estar experimentando problemas de autorregulación dietética.

En resumen, las prácticas de alimentación de los lactantes, como cuándo y cómo se le da de comer a un bebé prematuro, difieren de las de un recién nacido y también difieren de cómo se le da de comer a un bebé de más de tres meses de edad. Si usted no adapta sus prácticas de alimentación para que coincidan con el desarrollo en avance de su bebé, esto podría significar que usted lo frustra involuntariamente o que crea experiencias de alimentación desagradables o estresantes que pueden hacer que se vuelva reacio a la alimentación.

Problemas de autorregulación alimentaria

Aunque un bebé puede ser físicamente capaz de autorregular su ingesta de leche en función de sus necesidades, el hecho de que lo haga depende de que reciba el apoyo adecuado de sus cuidadores. Los bebés prematuros y recién nacidos son especialmente vulnerables a los problemas de autorregulación, como la desnutrición y la sobrealimentación.

Subalimentación

Las razones comunes por las que un bebé podría no comer lo suficiente para un crecimiento saludable incluyen:

1. **Problemas con la lactancia materna**: Los problemas con el pestillo son comunes en el período neonatal. Rara vez es un problema el bajo suministro de leche en las primeras semanas.
2. **Horarios de alimentación rígidos**: El padre puede ignorar las señales de hambre del bebé mientras intenta hacer que se alimente en momentos predeterminados.

3. **Equipo de alimentación inadecuado**: Un bebé podría cansarse antes de completar la alimentación debido a problemas con el equipo; por ejemplo, la tetina es demasiado lenta, o el anillo de la tetina se enrosca demasiado apretado en un biberón sin ventilación, lo cual puede aumentar el esfuerzo necesario para que el bebé se alimente. (Ver Capítulo 2).
4. **Privación de sueño**: Si un bebé no está durmiendo lo suficiente, podría cansarse y darse por vencido o quedarse dormido antes de completar la alimentación. (Ver Capítulo 12).
5. **Aversión alimenticia**: Cuando un bebé se ha vuelto reacio a alimentarse, puede ignorar las señales internas de hambre porque su determinación de evitar las batallas de alimentación asociadas con el estrés es más fuerte que su necesidad de calmar su vientre hambriento... hasta cierto punto. Se alimentará cuando esté hambriento, pero solo comerá un poco. O podría alimentarse mientras está somnoliento o durmiendo porque no se da cuenta de que está siendo alimentado y por lo tanto no se siente estresado.

Las razones menos comunes incluyen:

1. **Problemas físicos**: Por ejemplo, problemas funcionales, estructurales o neurológicos que afectan la capacidad de succión del bebé; trastornos digestivos que causan molestias durante la alimentación; enfermedades que afectan el apetito; o afecciones cardíacas y pulmonares que le causan cansancio antes de haber comido lo suficiente. La mayoría de estos problemas se identifican poco después del nacimiento.

¿Cómo puede saber si su bebé está desnutrido? Inicialmente se volverá muy irritable, lloriqueará, exigirá atención constante y llorará si no está recibiendo suficientes nutrientes. Si el problema que causa la desnutrición persiste, tendrá movimientos intestinales poco frecuentes y aumentará o disminuirá de peso. A medida que su cuerpo trata de conservar energía, dormirá durante períodos inusualmente largos y se volverá apático y no exigente cuando esté despierto.

Sobrealimentación

La sobrealimentación es un problema mucho más común en los países desarrollados que la subalimentación. Pero la desnutrición es un problema más grave.

Cuando un bebé bebe en exceso de lo que se espera, los padres usualmente cuestionan esto. Sin embargo, en muchos casos, los profesionales de la salud pasan por alto la sobrealimentación, y a los padres se les dice erróneamente: "No se preocupen. No pueden sobrealimentar a un bebé". Pero esto simplemente no es cierto. Los recién nacidos son vulnerables a la sobrealimentación por las siguientes razones:

1. **Malinterpretando las pistas del hambre del bebé**: La mayoría de los recién nacidos tienen un fuerte deseo de succionar que se extiende más allá del tiempo que necesitan para alimentarse. Les gusta chupar cuando están cansados, molestos, incómodos y por placer. Se quejarán o llorarán por muchas de las mismas razones. Cuando se asume automáticamente que la preocupación y el deseo de succionar del bebé se deben al hambre, esto significa que es posible que se le ofrezcan alimentos en momentos en que no tenga hambre.
2. **Un reflejo de succión activo**: Cuando se activa el reflejo de succión de un bebé, la succión ocurre como una respuesta involuntaria automática. El bebé apesta incluso cuando no tiene hambre. La acumulación de leche en la parte posterior de la garganta desencadena el reflejo de tragar, por lo que puede parecer que se traga el alimento con hambre, independientemente de si tiene hambre o no.
3. **Alimentación rápida**: Se necesita tiempo para sentir la sensación de satisfacción que sigue a una comida tanto en los adultos como en los bebés. Si la velocidad de flujo a través del pezón es demasiado rápida, el bebé podría alimentarse demasiado rápido y corre un mayor riesgo de sobrealimentarse. (Vea el Capítulo 2 para la duración ideal de la alimentación según la edad).
4. **Presión:** No es difícil hacer que un recién nacido coma más de lo que quiere. Usted simplemente aplica presión en dirección ascendente debajo de su mentón, sacude el frasco o manipula los movimientos de su mandíbula para desencadenar su reflejo de succión. Muchos padres hacen estas cosas para "animar" a su bebé a terminar el biberón, sin saber que en realidad pueden estar presionando a su bebé para que continúe alimentándose. Para un recién nacido, esto puede contribuir a la sobrealimentación.
5. **Asociación alimentación-sueño**: Si un bebé se duerme regularmente mientras se alimenta, la alimentación puede convertirse en una asociación del sueño. Cuando un bebé ha aprendido a confiar en la alimentación como una manera de dormirse, parecerá hambriento cuando esté cansado y listo para dormir. También puede querer alimentarse como una manera de volver a dormir si su sueño está interrumpido. Una asociación

entre la alimentación y el sueño también dificulta que los padres distingan entre las señales de hambre y de cansancio del bebé.

Cuando un bebé se sobrealimenta, esto **no se traduce** necesariamente en un gran aumento de peso, aunque sí puede hacerlo. Nuestros cuerpos tienen miles de mecanismos que actúan automáticamente para mantener un estado de equilibrio o armonía en su interior. Los mecanismos homeostáticos internos del bebé actúan de manera que reducen o eliminan el efecto de la sobrealimentación. Y al hacerlo, reduce el riesgo de que se acumule un exceso de reservas o de grasa corporal. Los efectos de tres mecanismos homeostáticos son visibles. Son:

1. regurgitación de la leche (reflujo)
2. evacuaciones intestinales más grandes o más frecuentes
3. sobrecarga de lactosa.

Hay límites en cuanto a la capacidad del estómago de un bebé. Si su estómago se sobrecarga con alimentos de gran volumen o con pequeños y frecuentes alimentos proporcionados antes de que el alimento anterior se haya vaciado de su estómago, puede regurgitar la leche; desde pequeños vómitos con saliva hasta grandes vómitos fuertes.

Deposiciones más grandes o más frecuentes

La inmadurez del tracto digestivo del bebé significa que tiene una capacidad limitada para producir enzimas digestivas, como la lactasa, necesaria para descomponer la lactosa. Mientras que un bebé sano produce suficientes enzimas digestivas para apoyar un crecimiento saludable, su tracto intestinal podría no ser capaz de digerir el exceso de nutrientes que ocurre como resultado de la sobrealimentación. Si los nutrientes no pueden ser digeridos (descompuestos por las enzimas digestivas) no pueden entrar en su torrente sanguíneo y por lo tanto no pueden ser almacenados como grasa corporal. Los nutrientes no digeridos pasarán a través del tracto intestinal del bebé y serán expulsados. Sin embargo, **esto no ocurre** de una manera pasiva. El bebé mostrará más señales de los intentos de su cuerpo de digerir el exceso de lactosa (también conocida como sobrecarga de lactosa).

Sobrecarga de lactosa

La sobrecarga de lactosa, también conocida como insuficiencia transitoria de lactasa, es un problema común que experimentan los recién nacidos. La sobrecarga de lactosa no es una condición. Es un **problema de manejo de la**

alimentación, que hace que los recién nacidos presenten síntomas gastrointestinales (GI), como heces acuosas frecuentes cuando se alimentan con leche materna o heces malolientes cuando se alimentan con leche maternizada. Otros síntomas incluyen hinchazón y flatulencia extrema debido a la fermentación de la lactosa en el intestino grueso. Las heces se vuelven ácidas, lo que puede quemar el trasero del bebé si se dejan demasiado tiempo sobre la piel desprotegida. Cuando es severa o prolongada, la sobrecarga de lactosa puede causar heces con manchas de sangre y mucosidad. Los síntomas conductuales incluyen irritabilidad, llanto y alteración del sueño debido a contracciones intestinales dolorosas. Las muestras de heces pueden proporcionar resultados **falsos positivos** cuando se realizan pruebas de intolerancia a la lactosa.

No hay nada malo con la capacidad de los bebés saludables para digerir cantidades **normales** de lactosa. Los síntomas gastrointestinales ocurren cuando sus tractos intestinales se inundan con cantidades **excesivas** de lactosa como resultado de la sobrealimentación en el caso de los bebés alimentados con biberón (y el síndrome de sobre abundamiento en el caso de los bebés alimentados con leche materna).

Las fórmulas infantiles sin lactosa, que incluyen fórmulas de soya e hipoalergénicas, alivian los síntomas gastrointestinales relacionados con la sobrecarga de lactosa porque el bebé ya no está expuesto a cantidades excesivas de lactosa. Sin embargo, estas fórmulas **no** son necesarias. Prevenir la sobrealimentación abordando las causas de la sobrealimentación aliviará los síntomas gastrointestinales.

Cuando se pasan por alto los problemas de autorregulación alimenticia

Cuando los padres observan el malestar y los síntomas gastrointestinales del bebé, la mayoría busca consejo médico. Pero como ya se ha explicado, debido a que el bebé no está aumentando de peso en general, los profesionales de la salud tienden a **pasar por alto la sobrealimentación** y, por lo tanto, no preguntan cuánto, con qué frecuencia o con qué rapidez está comiendo el bebé, ni preguntan a los padres acerca de sus prácticas de alimentación infantil. En cambio, los síntomas asociados con la sobrealimentación son típicamente atribuidos a condiciones tales como cólicos, reflujo de ácido, alergia o intolerancia a la leche, o retraso en el vaciado gástrico.

En las sociedades occidentales en particular, el comportamiento normal, aunque angustiado, de los bebés debido a problemas de asociación con el sueño (ver capítulo 12) y problemas de alimentación, como sobrealimentación, desnutrición y aversión a la alimentación, **a menudo** se atribuyen erróneamente a afecciones médicas. En general, los padres no reciben educación de los profesionales de la salud sobre cómo adaptar sus prácticas de alimentación infantil para ayudar a su bebé a autorregular su ingesta dietética, o consejos sobre cómo modificar sus prácticas de asentamiento infantil de manera que le permitan al bebé recibir la cantidad de sueño que su cuerpo necesita. En cambio, los bebés reciben un diagnóstico médico - o dos o tres - remedios o medicamentos anticólicos, antiácidos o supresores de ácido, medicamentos procinéticos, fórmulas de lactosa, fórmulas infantiles de soya, fórmulas hipoalergénicas, fórmulas anti-regurgitación (RA), cereales u otros agentes espesantes de la leche añadidos a la fórmula del bebé.

Algunos tratamientos médicos pueden **parecer** útiles en caso de **sobrealimentación** porque dificultan o inhiben el funcionamiento de los mecanismos homeostáticos del bebé. Por ejemplo, el bebé podría no regurgitar tanta leche como resultado de medicamentos o alimentos espesados, y podría no experimentar tanto gas y sus heces podrían no ser tan sueltas o frecuentes como resultado de cambiar a una fórmula libre de lactosa, soja o hipoalergénica (que inadvertidamente elimina los síntomas de sobrecarga de lactosa). Aunque **algunos de los síntomas** asociados con la sobrealimentación pueden tratarse de estas maneras, la causa de estos síntomas -la sobrealimentación- no lo es. El hecho de no tratar la causa significa que **otros síntomas pueden continuar a pesar del tratamiento**. Como resultado, el bebé podría recibir múltiples diagnósticos, numerosos medicamentos y ajustes de dosis, y cambios en la dieta.

En casos de **desnutrición,** el aumento de la energía (calorías o kilojulios) de los alimentos de un bebé puede ayudar a mejorar su crecimiento. Sin embargo, si no se abordan las causas de la desnutrición, el mantenimiento del crecimiento del bebé puede seguir siendo una batalla constante. Los padres se sentirán inclinados a presionar a su bebé para que tome un poco más y por lo tanto la probabilidad de una aversión a la alimentación es alta.

El segundo error más común relacionado con la aversión a la alimentación del lactante es la sobreestimación de las necesidades de leche del bebé. Siga leyendo para descubrir cómo sucede esto.

6 COMPRENDER LAS NECESIDADES DE LECHE DEL BEBÉ

> Error 2: Sobreestimar las necesidades de leche del bebé
> ¿Cuánta leche necesita un bebé?
> Directrices generales
> ¿Qué influye en las necesidades de leche?
> Dé al bebé la oportunidad de decidir
> Señales de que el bebé está bien alimentado

Enrique (de 4 meses de edad) pesa 14 libras y 7 onzas (6550 gramos). Su médico dijo que necesita beber al menos 25 onzas (740 ml) al día. Tengo que obligarlo a beber. A menudo se duerme durante la comida y luego bebe mejor, pero solo puedo hacer que tome 15 onzas (445 ml) como máximo. Estoy tan preocupada de que no crezca adecuadamente si no bebe lo suficiente. – EMMA

Aunque no estoy de acuerdo con que a los padres se les diga cuánto necesita o debe tener su bebé, 25 onzas parece una estimación conservadora del volumen de leche para un bebé de la edad y tamaño de Enrique. Investigo más y descubro que Emma está añadiendo cucharadas extra de fórmula más cereal de arroz en sus biberones por consejo de su médico. La combinación aumenta el contenido de energía de sus alimentos en un 80 por ciento. Esto significa que Emma ha estado tratando de forzar a Enrique a consumir un número excesivo de calorías para un bebé de su edad y tamaño.

Ya no me sorprende cuando los padres transmiten los malos consejos de los profesionales de la salud sobre los volúmenes de leche de los bebés alimentados con biberón. Es algo muy común que veo en los casos de aversión a la alimentación. Creo que la sobreestimación de los requerimientos de fórmula, o en el caso de Enrique, de los requerimientos calóricos, por parte de los profesionales de la salud o de los padres, es una de las principales causas de la aversión a alimentar a los bebés con biberón. (Otras razones por las que los padres presionan a sus bebés para que les den de comer se explican en los capítulos 5, 7 y 8)

Explicar a los padres la causa y la solución de la aversión alimentaria de su bebé no suele ser suficiente para resolver el problema. Algunos padres necesitan ajustar sus expectativas sobre las necesidades de leche de su bebé. Si no, pueden sentirse obligados a seguir presionando a su bebé para que consuma volúmenes de leche poco realistas. Emma no necesitaba ajustar sus expectativas sobre el volumen de leche que Enrique podría tomar, pero necesitaba dejar de añadir cucharadas extra de fórmula y cereal de arroz a sus alimentos, y resolver su aversión a la alimentación.

Si usted tiene expectativas poco realistas acerca de los requerimientos de leche de su bebé o de los aumentos de peso esperados, es posible que no lo sepa. Por favor, lea este capítulo antes de seguir mis recomendaciones de alimentación. Tener expectativas realistas sobre el volumen de leche que su bebé podría necesitar es crucial para resolver con éxito su aversión a la alimentación

Error 2: Sobreestimar las necesidades de leche del bebé

A algunos padres se les dice que su bebé requiere más leche de la que realmente necesita. De los casos en los que he estado involucrado, alrededor del 25 por ciento de los padres fueron citados por su profesional de la salud en cantidades más altas, y en algunos casos hasta un 50 por ciento más, que el promedio de edad y peso. O bien, el profesional de la salud no tuvo en cuenta las calorías adicionales proporcionadas por la fórmula concentrada, la leche materna fortificada, la fórmula de alta energía o los aditivos como los aceites, los cereales o los carbohidratos al estimar las necesidades de leche.

En otro 25 por ciento de los casos, los profesionales de la salud -aunque utilizaban cálculos estándar- no consideraron el patrón individual de crecimiento del bebé. En particular, era probable que el bebé pasara por un período de crecimiento reducido como resultado de la deposición de grandes cantidades de grasa corporal en el útero o debido a la sobrealimentación en los primeros meses. Un bebé que está experimentando un crecimiento reducido consumirá menos que la cantidad estándar de leche porque está aumentando de peso a un ritmo más lento que el promedio. (El crecimiento reducido se explica en el Capítulo 7).

La sobreestimación de las necesidades de leche no se limita a los profesionales de la salud. Muchos padres recurren a Internet o al lado de la leche de fórmula para obtener información sobre la cantidad de leche que el bebé "debería" tener, sin entender las numerosas razones por las que un bebé podría necesitar menos de lo indicado.

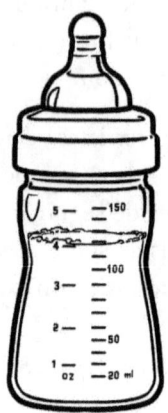

¿Cuánta leche necesita un bebé?

Los bebés vienen en todas las formas y tamaños. Sus patrones de crecimiento difieren y también lo hace el volumen de leche que **cada** bebé necesita. Existen pautas generales diseñadas para proporcionar una estimación de cuánto podría necesitar un bebé. Pero estos no son apropiados para **todos** los bebés. Las directrices generales **no** deben utilizarse como cifras de referencia exigidas por todos los bebés.

Orientaciones generales

Al estimar las necesidades de leche de un bebé, muchos profesionales de la salud utilizan cifras estándar basadas en la edad y el peso del bebé. Sin embargo, podría sorprenderle saber que no parece haber consenso sobre cuáles deberían ser estas cifras. Las cifras difieren entre países y, en algunos casos, entre las autoridades sanitarias de un mismo país. En el cuadro que figura a continuación se comparan las cifras estándar que se utilizan habitualmente en Australia, los Estados Unidos y el Reino Unido.

Tabla: 6.1: Cálculo de fórmulas por país

Edad	Australia: NHMRC Pautas para la alimentación del lactante. Información para los trabajadores de la salud 2012[11]	EE.UU.: El Manual Merck[12]	REINO UNIDO: Guía de salud del Reino Unido para la alimentación con biberón 2011
Prematuro a fecha de nacimiento esperada	180 ml/kg/día 3 oz/lb/día	180-200 ml/kg/día 3-3.5 oz/lb/día	150-200 ml/kg/día 2.5-3.5 oz/lb/día13
5 días a 3 meses	150-200 ml/kg/día 2.5-3 oz/lb/día	150 ml/kg/día 2.5 oz/lb/día	
3-6 meses	120 ml/kg/día 2 oz/lb/día		
7-12 meses	90-100 ml/kg/día 1.3-1.5 oz/lb/día	100 ml/kg/día 1.5 oz/lb/día	500-600ml/día14 17-20 oz/día

Nota: Estas cifras se basan en la leche materna o la leche maternizada de fuerza regular, que son 20 kcal por onza o 67 kcal por 100 ml. Son estimaciones y no "deben tener" cantidades.

¿Notó que los Estados Unidos recomiendan un 25 por ciento más y el Reino Unido recomienda entre un 25 y un 40 por ciento más de leche para bebés de tres a seis meses en comparación con Australia? ¿Por qué la diferencia? ¡Quién sabe! Un bebé no necesitaría de 25 a 40 por ciento más o menos de calorías porque su familia se mudó de un país a otro.

Estoy a favor de las cifras australianas, especialmente para los bebés de tres a seis meses. No porque sea australiana, sino porque la tasa de crecimiento de los bebés es naturalmente lenta a medida que maduran. Por lo tanto, tiene sentido que los bebés necesiten menos leche en relación con **su peso corporal a medida que maduran**. Sin embargo, las cifras australianas no se aplicarán a todos los bebés. Las cifras de ningún país lo harán.

Los cálculos utilizados para estimar las necesidades de leche de los bebés se basan de manera simplista en la **edad y el peso**. En el mejor de los casos, proporcionan una estimación aproximada de lo que podría necesitar un bebé alimentado con biberón. En el peor de los casos, pueden estar fuera de lugar y causar a los padres una ansiedad excesiva cuando su bebé no bebe la cantidad estimada. El padre **puede** entonces ignorar las señales de saciedad de su bebé e intentar presionarlo para que beba más de lo que realmente necesita. Hacer esto repetidamente puede hacer que desarrolle una aversión a la alimentación.

Los cálculos basados en la edad y el peso **nunca** deben citarse como `deben tener' o 'deberían tener' cantidades para cualquier bebé. La historia de Fabio es un ejemplo de lo erróneos que pueden ser los cálculos estándar.

Bebé Fabio

Fabio vivía en Estados Unidos. A los cuatro meses de edad su peso era de 18 lb 4 oz (8280 g) y su longitud de 25 pulgadas (63.5 cm). Al comparar el peso con la longitud, esto significaba que estaba en la categoría de sobrepeso. Nació gordito, pesando 4.600 g (10 lb 2 oz) pero de talla media. Además, se había visto obligado a beber grandes volúmenes de leche en los primeros meses, posiblemente más de lo que necesitaba, ya que la cantidad se calculaba basándose en su peso regordete, que incluía rollos adicionales de grasa corporal. A medida que fue creciendo y fortaleciéndose, se resistió a los esfuerzos de su madre por forzarlo a alimentarse. Debido a las repetidas batallas de alimentación, Fabio desarrolló una aversión al biberón.

Después de resolver su aversión a la alimentación, a Fabio se le permitió decidir cuánto quería beber. Su ingesta de leche variaba, pero en promedio era de unas 27 onzas por día (800 ml) o alrededor de 1.5 onzas/lb/día (100 ml/kg/día). Esta cantidad fue significativamente menor que la recomendada por los EE.UU. de 2.5 oz/lb/día (150 ml/kg/día) para su edad, que habría sido de 45.5 oz (1350 ml) por día basado en su peso. También fue menor que las recomendaciones más conservadoras de Australia para los bebés de tres a seis meses de edad. A pesar de beber menos de lo que su madre y su médico esperaban, Fabio mostraba signos de un bebé bien alimentado (descritos más adelante en este capítulo).

Debido a que Fabio tenía sobrepeso pero ahora se le permitía decidir cuánto necesitaba su cuerpo de acuerdo con su apetito, su cuerpo pasaría por un período de crecimiento reducido. Su aumento de peso sería menor que el promedio hasta que la forma de su cuerpo se hubiera realineado a su camino determinado genéticamente. Durante el período de crecimiento reducido su ingesta de leche probablemente seguiría siendo menor de lo que su médico podría esperar -si se basa en cálculos estándar para la edad y el peso- mientras que su cuerpo convertía el exceso de grasa en energía. Después de que el tamaño y la forma de su cuerpo volvieran a su camino natural, las ganancias de peso y la ingesta de leche de Fabio podrían estar más cerca de las cifras promedio de edad y peso. Pero no hasta entonces.

Nota: No restrinja la dieta de un bebé obeso o con sobrepeso. Deje que él decida cuánto comer y evite alimentarse durante el sueño.

Un bebé podría necesitar más o menos de la cantidad estimada por su profesional de la salud, o por el fabricante de la fórmula, o por un sitio web por una variedad de razones.

El mejor consejo de alimentación viene de Canadá. Las autoridades sanitarias de Canadá recomiendan: '**Los padres deben dejar que su bebé decida cuánto beber, y nunca presionar al bebé para que tome más**'.[15]

¿Qué influye en las necesidades de leche?
1. Como ya se ha mencionado, los cálculos estándar se basan únicamente en la edad y el peso actual del bebé. No tienen en cuenta las muchas variables que pueden influir en las necesidades de leche de un bebé **en particular**, como por ejemplo:
2. **Género**: En general, los niños consumen más calorías que las niñas de la misma edad y tamaño.
3. **Dotación genética**: Si el bebé es genéticamente propenso (rasgos heredados de mamá y papá) a ser largo, bajo, delgado, regordete o promedio.
4. **Grasa corporal:** Si actualmente tiene bajo peso, sobrepeso o peso normal.
5. **Tasa de crecimiento**: Ya sea que esté experimentando un crecimiento reducido o acelerado después de un período de subalimentación/desnutrición o sobrealimentación/sobrenutrición, que puede ocurrir en el útero o en los primeros meses después del nacimiento debido a los problemas de autorregulación dietética descritos en el Capítulo 5. Las cifras de los Estados Unidos y el Reino Unido para bebés de tres a seis meses no tienen en cuenta que la tasa de crecimiento de los bebés es en general más lenta a esta edad en comparación con el nacimiento a los tres meses. (Encontrará más información sobre el crecimiento de los bebés en el Capítulo 7).

6. **Velocidad metabólica**: La rapidez o lentitud con que su cuerpo quema energía (calorías o kilojulios).
7. **Niveles de actividad:** Qué tan activo es.
8. **Fluctuaciones del apetito**: Ya sea que esté pasando por un período de crecimiento acelerado o una meseta en el crecimiento (que ocurre entre períodos de crecimiento acelerado).
9. **Estado de salud**: Ya sea que esté enfermo actualmente o haya estado enfermo recientemente.
10. **Concentración de leche**: Las cifras estándar se basan en una concentración de leche de 20 kcal por onza o 67 kcal por 100 mililitros. Un bebé **sano** de más de ocho semanas de edad que puede autorregular su ingesta dietética regulará su ingesta en función del contenido calórico (energético) y no del volumen. Cuanto mayor sea el contenido de energía de la leche de un bebé, menor será su necesidad de beber **a lo largo del día**.
11. **Alimentos sólidos**: El número de calorías que recibe de los alimentos sólidos.
12. Lo que quiero decir es que ningún profesional de la salud puede decir cuánta leche debe tomar su bebé. Solo pueden adivinar. La cantidad de información que usen para adivinar determinará cuán cerca están de una cifra realista. Si su estimación se basa únicamente en la edad y el peso de su bebé (como ocurre cuando se utilizan cifras estándar) sin tener en cuenta a las personas que influyen en el apetito mencionadas anteriormente, la cantidad estimada podría estar muy alejada de la cantidad que su bebé realmente necesita.

Es posible que su bebé no beba la cantidad que usted o su médico esperan, o lo que yo estimaría. Y tiendo a ser más conservador que la mayoría. Cuando calculo cuánto puede estar bebiendo un bebé después de superar su aversión a la alimentación, a veces he estado fuera de lugar, como en el caso de Inés

Bebé Inés

Inés desarrolló una aversión a la alimentación porque su madre, Ramona, trató de hacerla beber la cantidad de leche que su médico le había recomendado. Como resultado de su comportamiento de alimentación aversiva, los médicos probaron todos los tratamientos médicos típicos sin mejoría, y una serie de pruebas diagnósticas, las cuales indicaron que no había ningún problema físico. (Ya has leído esto antes y ya conoces el simulacro.)

Comprender las necesidades de leche del bebé

Conocí a Inés y Ramona cuando Inés tenía cinco meses. Mostró un comportamiento de alimentación extremadamente aversivo. Empezaba a gritar tan pronto como su madre intentaba ponerle un babero alrededor del cuello y gritaba más fuerte cuando estaba acostada en una posición de alimentación. Rechazó completamente la botella. Ramona descubrió que con fuerza podía lograr que tomara solo de 10 a 13 onzas de fórmula de 24 kcal por onza (que proporciona 20 por ciento más calorías que la fórmula regular) cada día. Inés lucharía ferozmente contra cualquier intento de alimentarla y conseguir que tomara esa cantidad consumiría casi todas sus horas de vigilia. En ese momento, el peso y la longitud de Inés estaban en el percentil 25, lo que se ajustaba a la estatura de sus padres. Pero necesitaba que le arreglaran su aversión a la alimentación para poder seguir creciendo bien.

Después de evaluar la situación, pensé que la baja ingesta de Inés se debía a una aversión alimentaria conductual. Y que una vez que esto se resolviera, comería alrededor de la cantidad estándar australiana para un bebé de su edad y tamaño, más o menos un par de onzas. Calculé unas 24 onzas en base a una fórmula de 24 kcal. Así que pensé que un rango de 20 a 28 onzas era una expectativa razonable.

Resultó que estaba parcialmente en lo cierto. La aversión de Inés a la alimentación con biberón era conductual, y se debía a la alimentación forzada, por lo que se resolvió utilizando mis recomendaciones de alimentación. Pero su ingesta de leche, aunque ahora más alta, no aumentó a la cantidad que estimé. Inés bebería muy felizmente entre 15 a 17 onzas cada día, pero no más.

Estaba perpleja. A todos los efectos, parecía haber superado su aversión a la alimentación. ¿Por qué no estaba bebiendo cerca de lo que esperaba? Revisé todo de nuevo. Observé varias de sus alimentaciones. Ramona estaba manejando la alimentación como se recomienda, punto. Inés no mostraba signos de comportamiento alimenticio aversivo, punto. Inés estaba durmiendo lo suficiente, punto. El patrón de alimentación de Inés era apropiado para su edad, punto. Ramona reportó que Inés no tenía signos físicos que pudieran indicar enfermedad o un problema físico, punto. ¿De qué me he perdido? Con todas las bases cubiertas llegué a la conclusión de que Inés solo necesitaba un poco más de tiempo para entrar en el giro de beber grandes volúmenes.

A pesar de su baja ingesta, Inés mostró signos de estar bien nutrida, así que le sugerí a Ramona que continuara y viera qué pasaba durante la semana siguiente. Me sentí segura de que la ingesta de leche de Inés aumentaría durante ese tiempo. Una semana después, no hay aumento en la ingesta. Y sorprendentemente, Inés tuvo un buen aumento de peso. Pensando, "Eso no puede ser correcto", puse su aumento de peso en las fluctuaciones de los fluidos corporales. Inés se veía genial. Ella estaba feliz y enérgica y bien hidratada, así que le recomendé a Ramona que continuara y viera lo que pasaba en otra semana. Seguramente la ingesta de leche de Inés habría aumentado para entonces. La semana terminó. Lo mismo. Sin aumento e Inés tuvo otra buena ganancia. ¿Qué está pasando aquí? ¿Cómo podía ganar tan bien cuando comía alrededor de dos tercios de lo que la mayoría de los bebés de su edad y tamaño comerían? Todo se veía bien, así que le sugerí a Ramona que continuara otra semana. La semana que viene, lo mismo. No hay aumento, pero ganaba bien. ¡Me quedé estupefacta! Pero ahora era obvio que Inés sabía lo que su cuerpo necesitaba para un crecimiento saludable.

Ramona me envió correos electrónicos de vez en cuando durante los siguientes 10 meses. Por lo general, en los momentos en que la ingesta de leche de la hiedra se redujo, a veces a 13 onzas por día. Sobre todo porque estaba comiendo mucho yogur y sólidos o porque no estaba bien. Pero Ramona informó que también hubo momentos entre estas gotas en los que su ingesta de leche alcanzaría las 20 onzas. A través de todos los altibajos en la dieta de Inés, su crecimiento fue casi de libro. Constantemente se mantuvo alrededor del percentil 25 para el peso y la longitud.

Al principio, Ramona estaba preocupada por la ingesta de leche de Inés, pero una vez que vio que Inés estaba creciendo de forma saludable en la cantidad que estaba comiendo, dejó de preocuparse y aceptó que Inés necesitaba menos que la mayoría de los demás bebés.

Inés fue alimentada con leche materna con biberón. Es muy posible que la leche de Ramona tenga un contenido de grasa mucho más alto que el promedio. Si Inés hubiera estado amamantando durante este tiempo, Ramona no habría sabido que estaba comiendo significativamente menos de lo que su médico le decía que necesitaba. Si a Inés se le hubiera permitido decidir cuánto comía desde el principio, no habría desarrollado una aversión a la alimentación e Inés, Ramona, el padre de Inés y otros miembros de la familia podrían haberse ahorrado meses de estrés y preocupación innecesarios.

La lección que aprendí de Inés es que aunque puedo tratar de estimar cuánto puede necesitar un bebé teniendo en cuenta las muchas variables que afectan el apetito, todavía puedo estar equivocada. **Solo un bebé sabe cuánto necesita su cuerpo.**

Dele al bebé la oportunidad de decidir

Los bebés sanos tomarán la cantidad que necesitan para alcanzar su tamaño y forma determinados genéticamente, **si les damos la oportunidad,** y siempre y cuando no pongamos barreras involuntariamente en su camino como una aversión a la alimentación u otras causas de desnutrición descritas en el Capítulo 5.

Un número incontable de bebés amamantados autorregulan su ingesta de leche. A sus madres no se les dice cuánta leche deben "tomar" en cada comida o cada día. Los bebés sanos -independientemente de si son amamantados o alimentados con biberón- no necesitan que otros decidan cuánta leche necesitan.

Confíe en la capacidad innata de su bebé para saber cuánto necesita comer. Siga sus señales de hambre y saciedad y deje que las necesidades biológicas guíen su apetito y su ingesta calórica. Al menos dele la oportunidad de mostrarle lo que puede hacer. Pero no espere que se autorregule de inmediato. Necesita superar su aversión a la alimentación primero.

Si en algún momento está preocupado si su bebé está comiendo lo suficiente, busque señales que indiquen que está bien alimentado.

Señales de que el bebé está bien alimentado

Como padre amoroso, usted quiere saber que su bebé está comiendo lo suficiente. Eso es comprensible. Sin embargo, hacer que su bebé beba la cantidad que su profesional de la salud le recomienda no es la única manera de saber que las necesidades nutricionales de su bebé están cubiertas. No es necesario que confíe en las marcas en el lado del biberón del bebé para saber si está bebiendo lo suficiente. La Tabla 6.3 describe los signos físicos que indican si el bebé está recibiendo suficientes líquidos y nutrientes.

Tabla 6.3: Signos de estado nutricional

	Bien nutrido	No comer lo suficiente	Desnutridos
pañales mojados	5 o más pañales desechables por día o 6 o más pañales de tela por día.	Menos de 5.	Menos de 5.
Movimientos intestinales	Movimientos intestinales regulares.	Heces poco frecuentes.	Heces verdes y babosas poco frecuentes (heces de inanición).
Apetito	Exige alimentos regulares.	Constantemente exigente, quejándose por el hambre.	No exigente.
Estado de ánimo después de las alimentaciones	Parece satisfecho con las siguientes alimentaciones.	Irritable poco después de que el alimento ha terminado. (Nota: Un bebé privado de sueño también estará constantemente irritable).	Se duerme antes de completar la alimentación. (También hay otras razones por las que los bebés se duermen mientras se alimentan).
Humor entre alimentaciones	Mayormente feliz, excepto cuando tiene hambre, está cansado o aburrido. (El bebé podría estar de mal humor si no duerme).	Contenido por períodos breves. A menudo irritable, pegajoso y requiere atención constante para calmar.	Muy somnoliento.
Energía	Enérgico, interactivo, curioso.	A veces sin interés.	Letárgico.

Dormir	Duerme bien. (El bebé podría dormir mal debido a problemas de sueño no relacionados).	Dificultad para dormir. A menudo despierto debido al hambre. (El mismo comportamiento podría ocurrir debido a un problema subyacente de sueño. Véase el capítulo 12).	Difícil de despertar.
Aumento de peso	El bebé está **ganando con el tiempo**, pero podría no ganar como se esperaba. (Explicado en el Capítulo 7).	El aumento de peso del bebé es pobre o está estancado.	El bebé no está aumentando y puede estar perdiendo peso.

Una combinación de estos signos proporciona una indicación del estado nutricional del bebé.

Si después de resolver su aversión a la alimentación, su bebé muestra signos que indican que está bien alimentado, probablemente haya poco de qué preocuparse. Si los signos indican que no está comiendo lo suficiente, es probable que su aversión a la alimentación aún no se haya resuelto. Pero también considere otras razones para la subalimentación descritas en el Capítulo 5. Tratar de hacer que coma más de lo que está dispuesto a comer usando presión no es la respuesta.

En el siguiente capítulo explico cómo las suposiciones erróneas que se hacen al evaluar el crecimiento de un bebé pueden ponerlo en el camino de la aversión a la alimentación.

7 ACLARAR LAS EXPECTATIVAS DE CRECIMIENTO

> Error 3: Expectativas poco realistas sobre el crecimiento del bebé
> Variaciones del crecimiento normal confundidas con crecimiento deficiente
> Las falsas alarmas se confunden con un crecimiento deficiente
> Error 4: Suponiendo que el bebé no come lo suficiente

La enfermera de salud dijo que Abril (de 4 meses de edad) no está ganando peso lo suficiente. Dijo que debería estar ganando una onza (30 g) al día, y que necesitaba alimentarla más. Me siento enferma de preocupación sabiendo que no está creciendo adecuadamente. Tengo que pelear con ella para hacerla beber, cosa que odio hacer, pero no sé qué más hacer. Intentamos añadir una cucharada extra de fórmula a la misma cantidad de agua, pero ella bebía menos. ¿Cómo hago para que quiera beber más? – Paula.

La enfermera de salud ha causado que Paula sufra ansiedad innecesaria al citar el aumento de peso promedio de un recién nacido, no de un bebé de cuatro meses. Esta cifra excede la cantidad que la mayoría de los bebés ganan a esta edad. La enfermera no habría engañado a Paula intencionalmente; se habría debido a la limitada comprensión sobre el crecimiento infantil. Sin embargo, este error ha tenido serias consecuencias para Abril y su familia porque ha hecho que Paula use tácticas de presión para tratar de hacer que Abril beba más. Abril está tan traumatizada por las repetidas batallas de alimentación que ahora se niega a comer, y Paula está llena de ansiedad.

Puede ser reconfortante saber que solo un pequeño porcentaje de bebés experimenta **verdaderos** problemas de crecimiento (en países donde los alimentos son abundantes). Sin embargo, los errores cometidos por los profesionales de la salud al evaluar el crecimiento de los bebés, que causan ansiedad innecesaria a los padres, ocurren más a menudo de lo que se podría esperar.

Si su bebé tiene un problema de alimentación o digestivo que está teniendo un efecto negativo en su crecimiento, cuanto antes lo rectifique, mejor. Pero es igualmente importante que sus expectativas sobre el crecimiento de su bebé sean realistas. Si espera que él gane más de lo que está genéticamente programado para ganar, esto podría desencadenar una reacción en cadena que eventualmente lo lleve a no ganar lo suficiente.

Error 3: Expectativas poco realistas sobre el crecimiento del bebé

Las aversiones al crecimiento y a la alimentación están conectadas de las siguientes maneras:

- Los padres a menudo presionan a su bebé debido a preocupaciones de crecimiento reales o percibidas, o porque creen que lo necesitan para prevenir un crecimiento deficiente. Ser presionado repetidamente para que se alimente puede hacer que el bebé se vuelva reacio a alimentarse.
- Muchos bebés preocupados por una aversión alimentaria no resuelta llegarán a una etapa en la que el crecimiento se verá afectado negativamente.

Rara vez los profesionales de la salud expresan preocupación cuando un bebé gana más de lo esperado, lo que para algunos bebés podría indicar sobrealimentación. Más bien, se activa una alarma cuando un bebé gana menos de lo esperado.

La preocupación por un crecimiento deficiente puede convertirse en una profecía autocumplida cuando los padres tratan de controlar cuánto come su bebé. Si su profesional de la salud le preocupa que el bebé no esté ganando lo suficiente, es comprensible que los padres traten de animarlo a comer más. En algunos casos, como el de Abril y otros, se cometen errores. No había ningún problema real de crecimiento; solo una percepción errónea de que el aumento de peso del bebé era pobre. Independientemente de si las preocupaciones sobre el crecimiento son válidas o son un error, es probable que el bebé sea presionado a comer en contra de su voluntad. Como resultado de ser presionado, desarrolla una aversión a la alimentación. Y como consecuencia de volverse reacio a la alimentación, no come lo suficiente para un crecimiento saludable y realmente muestra un crecimiento deficiente. Entonces la alimentación se convierte en una batalla continua de voluntades.

Por qué se producen los errores

Monitorear el crecimiento de los bebés no es una ciencia exacta. Mientras que las tablas de crecimiento infantil representan patrones de crecimiento típicos y las tablas muestran el promedio semanal de las cifras de aumento de peso, ningún gráfico o **tabla puede predecir el crecimiento de cada bebé en particular**. Cuando el crecimiento de un bebé se desvía de un patrón típico o el bebé gana menos de lo esperado, la forma en que esto se interpreta depende del conocimiento y la experiencia del profesional de la salud.

Los profesionales de la salud **varían considerablemente** en su capacidad para evaluar el crecimiento de bebés y niños. No todos reciben capacitación formal sobre cómo hacer esto. En cambio, aprenden de los demás, lo que también significa que pueden repetir los errores de los demás. Incluso los profesionales de la salud con experiencia pueden cometer errores de novatos. Sin duda, ¡yo también he hecho algunos!

Por lo general, las consultas breves solo dan tiempo suficiente para examinar al bebé, subirlo a la báscula y comparar su aumento de peso con las cifras promedio. Pero no hay tiempo suficiente para evaluar a fondo la situación.

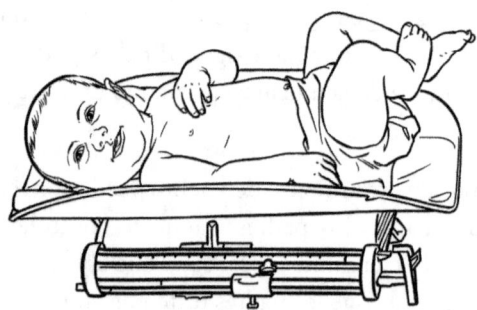

Supuestos erróneos

En ausencia de conocimiento o información, se hacen suposiciones. Los errores más frecuentes con respecto al crecimiento infantil ocurren como resultado de suposiciones, por ejemplo:

- Se supone que un patrón de crecimiento típico es el único patrón de crecimiento normal; por lo tanto, si el peso o la longitud del bebé desciende a curvas percentiles más bajas en una tabla de crecimiento infantil, se supone que tiene un problema de crecimiento.
- Se supone que el aumento de peso dentro de un rango promedio es algo que todos los bebés deben lograr; por lo tanto, si el bebé no aumenta de peso al promedio o esperado, se supone que esto indica un crecimiento deficiente.

Saber el número de onzas o gramos que ha ganado un bebé puede ser tranquilizador, pero también puede causar ansiedad innecesaria si los resultados no se interpretan dentro del contexto de un panorama más amplio. Ganar menos de lo que un profesional de la salud espera no es prueba de que algo esté mal. Solo significa que es necesaria una investigación **a fondo.** Pero la investigación no ocurre cuando se hacen suposiciones.

Como resultado de estos supuestos, no se consideran otras razones de lo que **puede parecer** un crecimiento deficiente, como variaciones del crecimiento normal, falsas alarmas o expectativas poco realistas. Y **no se hace ninguna evaluación** del estado nutricional del bebé para confirmar si el bebé está subalimentado o no.

Las variaciones en el crecimiento normal pueden dar una falsa impresión de crecimiento deficiente. Veamos esto ahora.

Variaciones del crecimiento normal confundidas con un crecimiento deficiente

No todos los bebés crecen de la misma manera. No todos los bebés siguen un patrón de crecimiento típico o aumentan dentro de un rango promedio de edad. Existen muchas variaciones del crecimiento normal que permiten que los bebés alcancen su potencial de crecimiento. Los cinco que a menudo se confunden con el crecimiento deficiente incluyen:

1. Meseta de crecimiento
2. Amamantado versus amamantado con leche de fórmula
3. Disminución natural de la tasa de crecimiento
4. El crecimiento a la baja y
5. Retraso en el crecimiento constitucional.

Meseta de crecimiento

Los niños no crecen en un patrón consistente donde cada día son un poco más altos y pesados que el día anterior. El crecimiento se produce de forma escalonada. Tienen brotes de crecimiento y mesetas.

Un **período de crecimiento** acelerado implica un rápido aumento de peso y longitud que ocurre en cuestión de días. Los períodos de crecimiento acelerado generalmente implican un aumento del apetito que dura dos o tres días, pero para los bebés mayores puede durar hasta una semana.

Se produce una **meseta en el crecimiento** después de un período de crecimiento acelerado. El bebé come menos de lo que comía durante un período de crecimiento acelerado y su peso parece estancarse o gana muy poco durante lo que podrían ser días o semanas. Normalmente se asume que el bebé está ganando menos porque está comiendo menos. Pero en realidad está comiendo menos porque su crecimiento se ha estancado. Las mesetas de crecimiento, como los brotes de crecimiento, no duran para siempre. Pero a diferencia de los períodos de crecimiento acelerado, las mesetas de crecimiento pueden causar preocupaciones innecesarias si no se identifican como una parte normal del ciclo de crecimiento y, en cambio, se confunden con un crecimiento deficiente.

Lactancia materna versus leche de fórmula

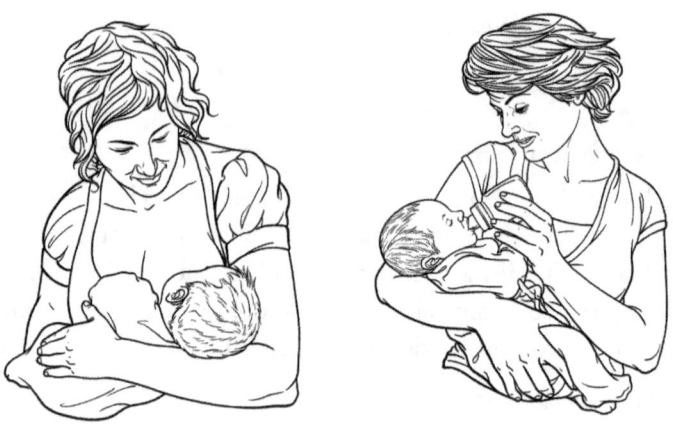

En 2006, la OMS (Organización Mundial de la Salud) publicó una serie de tablas de crecimiento infantil basadas en el crecimiento de los **bebés amamantados**. Estas gráficas demostraron una diferencia notable cuando se comparan con las gráficas de crecimiento infantil de 2000 CDC (Centro de Control de Enfermedades) utilizadas anteriormente. Los gráficos de los CDC, aunque combinan datos sobre bebés alimentados con leche materna y de fórmula, representan en gran medida el patrón de crecimiento de los bebés alimentados con leche de fórmula.

La comparación de las tablas de la OMS y los CDC demostró que los bebés amamantados tienden a ganar más peso en los primeros meses y menos después de seis meses en comparación con los bebés alimentados con fórmula.

Gráfico 7.1: Comparación de los gráficos masculinos de la OMS y los CDC [16]

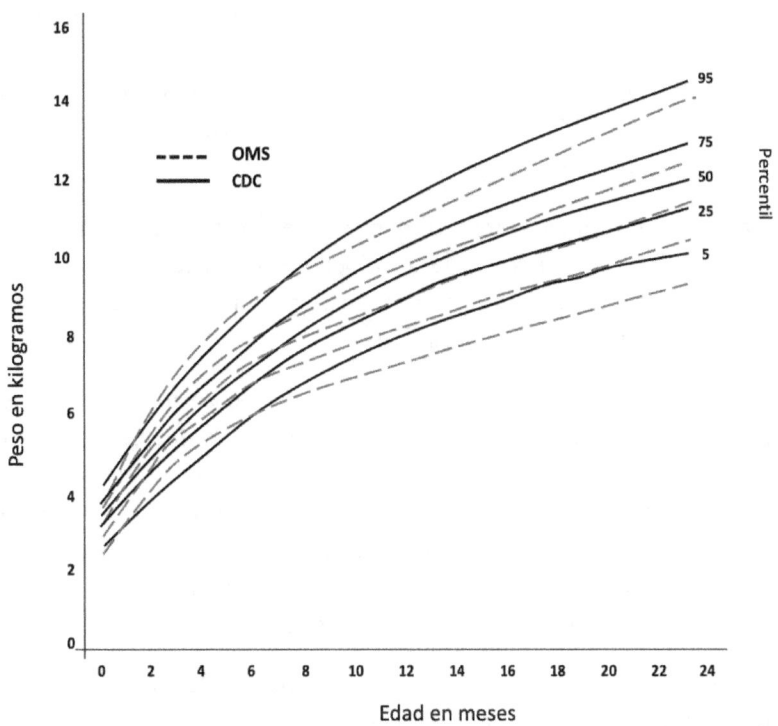

La Tabla 7.1 compara la mediana (promedio) de las cifras de aumento de peso para la edad de la OMS y las tablas de crecimiento infantil de los CDC.

Tabla 7.1: Mediana semanal de aumento de peso para la edad

Edad	OMS		CDC	
	Onzas	Gramos	Onzas	Gramos
2 semanas-3 meses	8.5	240	6	175
3-6 meses	4.4	125	5.3	150
6-9 meses	2.6	75	4	115
9-12 meses	1.9	55	2.8	80

Nota: Estas cifras representan el rango medio en **un período de tres meses para los bebés varones**. El aumento de peso semanal promedio no disminuye repentinamente en incrementos de tres meses, sino que la cantidad de peso que aumenta gradualmente disminuye a medida que los bebés maduran. El aumento de peso 'promedio' no es una cifra de aprobado o reprobado que se espera que alcancen todos los bebés. Aproximadamente el 50 por ciento de los bebés ganan más y el 50 por ciento menos que las cifras medias. En general, las niñas ganan menos que los niños.

No hay tablas de crecimiento infantil que representen el crecimiento de los bebés que reciben leche materna de un biberón. O gráficos para los bebés que comienzan a amamantar pero son cambiados a fórmula antes de los tres meses, seis meses, nueve meses o más tarde.

Es ampliamente aceptado que el crecimiento de los bebés amamantados representa el patrón de crecimiento biológico normal para los bebés, pero el hecho es que los bebés alimentados con fórmula no siguen el mismo patrón de crecimiento que los bebés amamantados. Por lo tanto, aunque no es aconsejable comparar el crecimiento de los bebés amamantados con las tablas de crecimiento de los CDC, puede ser poco realista comparar el crecimiento de los bebés alimentados con fórmula con las tablas de crecimiento de la OMS.

Si le han dicho que su bebé no está aumentando dentro de un rango promedio, entonces la primera pregunta que debe hacer es:

'¿Las cifras con las que se compara el crecimiento de su bebé reflejan su método de alimentación?'

Y la siguiente pregunta es:

'¿Son las cifras apropiadas para su etapa de desarrollo?'

Disminución natural de la tasa de crecimiento

Al igual que no hay consenso sobre la cantidad de leche que necesitan los bebés, no parece haber acuerdo sobre cuál es la cantidad promedio de aumento de peso que ganan los bebés. Una razón puede ser que los patrones de crecimiento de los bebés alimentados con leche materna y de fórmula difieren. Otra es porque la cantidad promedio de peso que ganan los bebés disminuye con la edad.

Es una percepción errónea común que los bebés necesitan ganar una onza (30 g) al día. Aunque algunos recién nacidos ganarán esto o más, no dura. A medida que los bebés maduran, su tasa de crecimiento se ralentiza progresivamente. Esto se demuestra por la **curva** de una tabla de crecimiento infantil.

Una curva indica una disminución de la velocidad, en este caso una disminución o desaceleración gradual de la tasa de crecimiento. Si se esperara que los bebés aumenten de peso a la misma velocidad, esto se representaría como una línea diagonal en una tabla de crecimiento infantil. Imagínese lo grande que sería un bebé si ganara una onza al día durante 365 días además de su peso al nacer. ¡Parecería un mini luchador de sumo a los 12 meses!

La Tabla 7.1 también demuestra que la cantidad promedio de peso que se gana disminuye -a diferentes ritmos según el método de alimentación- a medida que los bebés envejecen.

Crecimiento reducido

Después del nacimiento, la influencia más fuerte en el crecimiento de un bebé es su dotación genética (es decir, los genes que sus padres le han transmitido ya sean pequeños, delgados, altos, grandes, etc.). La mayoría de las personas son conscientes de que los bebés pueden mostrar un **crecimiento acelerado**, lo que implica un crecimiento apresurado después de un período de retraso en el crecimiento. El retraso en el crecimiento puede ocurrir en el útero en el caso de un bebé con crecimiento intrauterino restringido (RCIU), o como resultado de una alimentación insuficiente en los primeros meses, o debido a una enfermedad. Menos personas, incluidos los profesionales de la salud, parecen ser conscientes del crecimiento a la baja, también llamado crecimiento reducido

El crecimiento reducido implica un período de crecimiento lento que es perfectamente normal.

Los bebés que muestran un crecimiento lento son a menudo, pero no siempre, bebés gordos, cuyo peso se encuentra en una curva de percentil más alta en una tabla de crecimiento infantil en comparación con la talla. Algunos bebés nacen con generosos rollos de grasa corporal. Otros nacen proporcionados, pero mucho más grandes de lo esperado dado el tamaño de sus padres. Otros todavía se vuelven gorditos en los primeros meses como resultado de la sobrealimentación. El hecho de que un bebé nazca grande o regordete o se vuelva regordete en los primeros meses no significa que esté destinado a permanecer así.

En algún momento, su cuerpo se ajustará a su tamaño y forma determinados genéticamente. Durante este tiempo, el cuerpo de un bebé regordete convertirá las reservas adicionales de grasa en energía y como resultado, aumenta lentamente o su peso puede estancarse temporalmente, pero su crecimiento en longitud continúa a un ritmo normal. Y los bebés grandes, pero proporcionales, que están pasando por un período de recuperación pueden crecer a un ritmo más lento, tanto en peso como en estatura, en comparación con otros. El bebé Santiago es un ejemplo.

Bebé Santiago

Cuando Santiago nació, su peso estaba en el 75º y su longitud en las curvas del 50º percentil de una tabla de crecimiento infantil. Luego, Santiago aumentó lentamente, y su peso y longitud descendieron a curvas percentiles más bajas con el tiempo. El médico le había dicho a su madre, Gina, que era porque Santiago no estaba comiendo lo suficiente. Gina decidió dejar de amamantar y cambiar a Santiago a amamantar con biberón para que pudiera saber cuánto estaba recibiendo y asegurarse de que tomaba la cantidad recomendada. No importaba lo mucho que ella trataba de hacer que comiera, Santiago ganaba lentamente.

A la edad de cuatro meses su peso y talla estaban en la curva del percentil 20. Pregunté por la estatura de Gina, que era de 1,65 metros, y la estatura del padre de Santiago, que era de 1,75 metros. Esto significaba que la longitud de Santiago en el percentil 20 estaba de acuerdo con su dotación genética. Su peso era proporcional a su longitud. Tenía una capa saludable de grasa corporal. Lo que el médico de Santiago había interpretado erróneamente como un crecimiento deficiente era en realidad un crecimiento a la baja.

Aunque **en ese momento** no había problemas de crecimiento, Santiago había desarrollado una aversión a la alimentación como resultado de la presión. Esta situación necesitaba ser resuelta para que pudiera mantener su curso natural de crecimiento. De no ser así, es probable que su evitación de alimentarse se intensifique con el aumento de la madurez y esto podría resultar en un crecimiento deficiente. Su aversión a la alimentación se resolvió con éxito, pero también necesitaba ajustar las expectativas de Gina sobre el crecimiento de Santiago.

Aunque Santiago nació bastante grande considerando el tamaño de sus padres, su patrón de crecimiento demostró que no estaba genéticamente predispuesto a seguir siendo grande. Era importante que Gina reconociera esto en caso de que su médico u otra persona pasara por alto su dotación genética mientras esperaba que ganara peso promedio. O si expresaran su preocupación por no mantener las curvas de crecimiento que representaban su peso y longitud al nacer.

Los momentos clave para el crecimiento de la recuperación son:

- Inmediatamente después del nacimiento. Esto es más común en el caso de los bebés amamantados, que tienen una mayor capacidad para autorregular su ingesta de leche desde una edad más temprana en comparación con los bebés alimentados con biberón; y
- Alrededor de tres meses cuando el reflejo de succión de un bebé ha desaparecido. En este momento, todos los bebés sanos tienen una mayor capacidad de autorregulación de su ingesta para adaptarse a las necesidades de crecimiento.

Sin embargo, el crecimiento a la baja puede ocurrir en otros momentos. Después de nacer, Isabel fue colocada en medicamentos esteroides para tratar una condición médica. Como resultado, su peso se disparó por encima del percentil 97, pero su longitud se mantuvo constante alrededor del percentil 25. Los medicamentos se interrumpieron cuando tenía cinco meses de edad y, aunque continuó creciendo a lo largo del tiempo, aumentó muy poco de peso en los tres meses siguientes.

Una vez que el bebé pueda autorregular físicamente su ingesta dietética, y siempre que los padres le permitan hacerlo respondiendo a sus señales de hambre y saciedad, su peso se dirigirá hacia su curso determinado genéticamente.

El promedio semanal de aumento de peso y las estimaciones de leche basadas en la edad y el peso no se aplicarán a los bebés que se someten a un crecimiento de reducción de peso.

Durante la fase de crecimiento "reducido", que puede durar semanas o meses, el bebé puede comer menos y ganar menos de lo esperado. Su peso, y en algunos casos su longitud, disminuirá lentamente para disminuir las curvas de percentil en una tabla de crecimiento infantil hasta que su tamaño y forma se realineen con su trayectoria determinada genéticamente, momento en el cual su crecimiento seguirá las curvas de percentil que representan la forma y tamaño natural de su cuerpo.

El crecimiento reducido se confunde a menudo con un crecimiento deficiente. La siguiente tabla describe las formas en que ambos pueden diferir.

Tabla 7.2: Crecimiento reducido frente a un crecimiento deficiente

Crecimiento Reducido	Crecimiento Deficiente
Disminución **natural** de la tasa de crecimiento.	Disminución **anormal** de la tasa de crecimiento.
El crecimiento **se dirige** hacia un camino determinado genéticamente.	El crecimiento **se aleja** del camino determinado genéticamente.
El bebé **muestra signos** de estar bien alimentado.	El bebé **no muestra signos** de estar bien alimentado.
El bebé nació inusualmente grande o tiene un historial **reciente** de aumento de peso excesivo.	El bebé podría tener antecedentes de crecimiento excesivo

Retraso en el crecimiento constitucional

El retraso del crecimiento constitucional (CGD) es otro ejemplo de una **variación normal** del crecimiento que a menudo se confunde con un crecimiento deficiente.

El CGD implica un retraso temporal en el crecimiento del esqueleto. El bebé suele tener un tamaño normal al nacer. A partir de los tres a seis meses de edad, su tasa de crecimiento es mucho más lenta de lo que se considera típico para un bebé de su edad y tamaño. El aumento de peso está constantemente por debajo del promedio. El seguimiento de su crecimiento en una tabla de crecimiento infantil muestra una tendencia a la baja a medida que su peso y longitud se cruzan a través de múltiples curvas de crecimiento hasta los dos o tres años de edad. En ese momento, su crecimiento se reanuda a un ritmo normal, pero su longitud permanece por debajo o paralela al tercer percentil hasta que llega a la pubertad. Su peso estará en una curva de percentil similar, pero no necesariamente igual. De niño permanece pequeño en comparación con sus compañeros y las alturas de sus padres hasta después de la pubertad, cuando su tamaño vuelve a la estatura normal de un adulto en relación con las alturas de sus padres.

Por lo general, un padre u otro miembro cercano de la familia mostraba un patrón de crecimiento similar al de un bebé y un niño. Es posible que se les haya llamado un "madurador tardío" que era más pequeño que la mayoría de los demás niños de la misma edad, pero que en última instancia creció hasta alcanzar la altura de un adulto de acuerdo con la estatura de los padres. La CGD puede distinguirse del crecimiento deficiente por medio de una radiografía de la muñeca del niño. Esto muestra una 'edad ósea' retrasada, lo que significa que su maduración esquelética es menor que su edad en meses o años.

Esta variación normal del crecimiento puede causar ansiedad innecesaria para los padres si no se reconoce. El apetito de un bebé con CGD es menor de lo esperado porque el crecimiento ocurre a un ritmo más lento en comparación con la mayoría de los bebés de su edad. Cuando los padres y los profesionales de la salud pasan por alto la enfermedad de CGD, el aumento de peso del bebé menor de lo esperado y el patrón progresivo de disminución del peso y la longitud a curvas de percentil más bajas se suele confundir con un crecimiento deficiente, lo que puede atribuirse erróneamente a la insuficiencia de alimentos. Esto puede resultar en que un bebé perfectamente normal y saludable se vea presionado a comer más de lo que necesita.

Además de estas variaciones normales en el crecimiento del bebé, pueden ocurrir una serie de falsas alarmas al pesar a un bebé que pueden hacer que parezca que ha ganado muy poco.

Las falsas alarmas se confunden con un crecimiento deficiente

Las falsas alarmas, aunque no son variantes del crecimiento normal, a menudo se confunden con un crecimiento deficiente. Dos razones comunes para las falsas alarmas son las fluctuaciones en los fluidos corporales y el uso de escalas diferentes.

Fluctuaciones en los fluidos corporales

Los fluidos corporales, es decir, el nivel de hidratación del bebé, el volumen de orina en la vejiga, la cantidad de comida en el estómago y el tracto intestinal, fluctúan constantemente durante un período de 24 horas. Las fluctuaciones en los fluidos corporales pueden distorsionar las mediciones de peso de una semana a otra. Por ejemplo, la semana pasada el bebé podría haber sido pesado **después** de una comida. En ese momento, también tenía la vejiga llena y podría no haber tenido una evacuación intestinal durante uno o dos días. Esta semana, la han pesado **antes** de darle de comer. Justo antes de salir para su revisión de salud, tuvo una evacuación intestinal y vació su vejiga. Cuando se pesa, **parece** que ha ganado poco o ha perdido peso durante la última semana, cuando este podría no ser el caso.

Las fluctuaciones en los fluidos corporales pueden causar variaciones en el peso de hasta cuatro onzas (113 gramos) para un bebé pequeño y hasta ocho onzas (226 gramos) para bebés grandes cuando se pesan a diferentes horas **en el mismo día**.

Pesar al bebé en diferentes escalas

Las básculas necesitan ser calibradas regularmente para asegurar su precisión. Si se usan las mismas básculas cada vez que se pesa a un bebé, no importa si están un poco fuera de lugar. Sin embargo, si el bebé se pesa en diferentes balanzas, puede haber una diferencia pequeña o significativa dependiendo de si cada juego de balanzas ha sido calibrado o no.

Error 4: Suponiendo que el bebé no come lo suficiente

El error más preocupante de todos cuando parece que el bebé ha ganado poco, porque no ha ganado la cantidad esperada, es que automáticamente se asume que es porque la madre lactante no produce suficiente leche o porque el bebé alimentado con biberón no bebe lo suficiente. Y como resultado, al padre no se le hacen preguntas relevantes sobre el estado nutricional del bebé para comprobar si este es el caso o no. (Vea las señales de un bebé bien alimentado en el Capítulo 6 para obtener la información necesaria antes de sacar conclusiones).

Hacer preguntas a los padres para identificar si se satisfacen las necesidades nutricionales de su bebé es una parte **esencial** del proceso de evaluación, especialmente **cuando parece** que el bebé está bebiendo o ganando menos de lo esperado. Esto se debe hacer para diferenciar entre un verdadero problema de crecimiento y una variación normal en el crecimiento infantil o una falsa alarma. Por lo tanto, evite hacer suposiciones erróneas que puedan llevar a un mal consejo sobre la alimentación.

Asegurarse de que la evaluación sea correcta

Si le han dicho que el crecimiento de su bebé era deficiente cuando en realidad ganó menos de lo esperado debido a una de las razones descritas en este capítulo, debe saberlo. Si su profesional de la salud ha cometido un error, es posible que no se dé cuenta y vuelva a hacer lo mismo.

Su profesional de la salud no será el afectado por una evaluación errónea del crecimiento de su bebé. Más bien podría tener consecuencias negativas para su bebé y su familia. Cometer un error sobre el crecimiento del bebé, aunque le cause preocupaciones innecesarias, no es la principal preocupación. Los siguientes son consejos erróneos sobre la alimentación, y las acciones que usted podría tomar como resultado de **creer erróneamente** que el crecimiento de su bebé es deficiente, lo que puede causar problemas de alimentación y crecimiento en el bebé.

Si su bebé no está creciendo como se esperaba, no llegue inmediatamente a la conclusión de que se trata de un crecimiento deficiente debido a que no come lo suficiente. Busque señales que indiquen si su bebé está bien alimentado (vea el Capítulo 6). Si muestra tales signos, está comiendo lo suficiente y le seguirá un crecimiento saludable. En este caso, haga que la pesen de nuevo una semana después.

Una sola medición del peso no es tan importante como el patrón de crecimiento de su bebé **con el tiempo**. Una tabla de crecimiento infantil proporciona una perspectiva más amplia del crecimiento. El seguimiento de su crecimiento a lo largo del tiempo, teniendo en cuenta sus rasgos hereditarios, proporciona una imagen más precisa de su crecimiento en comparación con la cantidad ganada de una semana a otra.

Algunos bebés son más vulnerables a desarrollar una aversión a la alimentación en comparación con otros, debido a que su crecimiento no es típico o a que sus padres son más propensos a recibir consejos de alimentación deficientes, lo que provoca que el bebé sea presionado a alimentarse. Para descubrir si este ha sido el caso de su bebé, siga leyendo.

8 BEBÉS EN RIESGO

> Bebés prematuros
> Bebés con RCIU (crecimiento intrauterino restringido)
> Bebés de baja estatura
> Bebés grandes al nacer
> Bebés que se alimentan insuficientemente en sus primeros meses
> Bebés que se sobrealimentan en sus primeros meses
> Bebés genéticamente delgados
> Bebés con padres muy ansiosos
> Otros bebés en riesgo de aversión alimenticia

Andrés nació a las 27 semanas. Estuvo en el hospital durante tres meses. Estábamos tan emocionados cuando finalmente lo llevamos a casa. Se estaba alimentando muy bien durante las primeras seis semanas en casa, pero luego empezó a molestarse mucho mientras comía y no quería terminar sus biberones. En el último mes ha empeorado. Ahora grita tan pronto como lo ponemos en nuestros brazos para alimentarlo. Su médico dijo que los bebés prematuros son propensos a tener problemas de alimentación. Dijo que si las cosas no mejoran pronto, podría necesitar una sonda de alimentación. Estoy tan estresada. ¿Crees que puedes ayudar? – ANA

El médico de Andrés tiene razón. Los bebés prematuros son propensos a problemas de alimentación, en particular a la aversión alimentaria, principalmente debido a una o más de las razones que ya hemos discutido: tratar de controlar cuánto toman y expectativas poco realistas sobre la ingesta de leche o el crecimiento. Pero no solo los bebés prematuros son susceptibles. Cualquier bebé que no encaje en el molde 'promedio' o 'típico' con respecto al crecimiento está en mayor riesgo porque es más probable que se sienta presionado a alimentarse en comparación con los bebés que siguen el patrón de crecimiento de los libros de texto. Esto incluye:

- bebés prematuros
- bebés con RCIU (crecimiento intrauterino restringido)
- bebés de baja estatura
- bebés grandes al nacer
- los bebés que se alimentan insuficientemente en sus primeros meses de vida.
- bebés que se sobrealimentan en sus primeros meses de vida.
- bebés genéticamente delgados y
- bebés nacidos de padres muy ansiosos.

¡Esto incluye a muchos bebés! A partir de la lectura de los capítulos anteriores, sin duda usted ya sabe por qué estos bebés podrían estar en riesgo de desarrollar una aversión alimentaria conductual. Sin embargo, hay circunstancias únicas para cada grupo de bebés que aumentan la probabilidad de una aversión alimentaria conductual.

Aunque su bebé puede o no pertenecer a uno de estos grupos, le animo a que lea este capítulo, ya que las razones por las que estos bebés son vulnerables a desarrollar una aversión a la alimentación podrían aplicarse a su bebé.

Bebés prematuros

Muchas de las estrategias de alimentación necesarias para **apoyar** a un bebé prematuro a alimentarse se convertirán en algún momento en **presión** si los padres siguen tratando de controlar cuánto come su bebé. Especialmente si lo hacen después de la edad en que puede autorregular su ingesta (decidir cuándo y cuánto comerá).

Si usted es el padre de un bebé prematuro, se dé cuenta o no, es probable que haya sido condicionado por los profesionales de la salud a pensar "números". Por ejemplo, el número de horas entre comidas, el número de onzas o mililitros que su bebé debe comer cada vez, y el número de onzas o gramos que su bebé debe aumentar cada semana. Es posible que le hayan hecho creer que debe controlar sus alimentos para asegurarse de que beba la cantidad recomendada, lo que puede que haya tenido que hacer durante un breve período de su vida.... pero no para siempre.

En general, los profesionales de la salud se centran firmemente en asegurar que los bebés prematuros reciban un volumen específico de leche y que su crecimiento esté dentro de un rango aceptable, y no en el placer del bebé al alimentarse. Por lo tanto, rara vez se les dice a los padres de bebés prematuros que necesitan alterar sus prácticas de alimentación infantil a medida que el bebé madura; **desde controlar** la cantidad de bebidas que bebe **hasta apoyar** al bebé para que autorregulen su ingesta. Debido a que no se dan cuenta, es posible que continúen tratando de controlar la cantidad de leche que su bebé toma durante demasiado tiempo.

Intentar controlar la alimentación de un bebé más allá de las ocho semanas de edad ajustada -lo que ocurre comúnmente en el caso de los bebés prematuros- es la razón por la que creo que los bebés prematuros tienen una mayor incidencia de **aversión a la alimentación** en comparación con los bebés a término.

Un error grave, que no debería ocurrir pero que sí ocurre, es que algunos profesionales de la salud continúan calculando las necesidades de leche de los bebés a la tasa de prematuridad durante más tiempo del que deberían. Con mayor frecuencia, la sobreestimación ocurre debido a un descuido. Los padres necesitan usar diferentes cálculos para estimar las necesidades de leche de su bebé a medida que madura, pero muchos no están informados. Como resultado, pueden usar tácticas de presión para hacer que su bebé beba una cantidad de leche que en algunos casos es una sobreestimación.

Bebés con RCIU (crecimiento intrauterino restringido)

Existen dos tipos de RCIU: **RCIU asimétrica**, que significa que cuando el bebé nace tiene una longitud normal teniendo en cuenta la estatura de sus padres, pero parece delgado o desnutrido; y **RCIU simétrica**, en la que el bebé nace inusualmente pequeño para su edad gestacional, y mucho más corto de lo esperado teniendo en cuenta la estatura de sus padres, pero tiene una capa saludable de grasa corporal.

Un bebé con RCIU podría no tener la oportunidad de decidir cuánto necesita su cuerpo. Comúnmente se asume que debido a que tiene un peso inferior al esperado o es más pequeño de lo esperado, lo cual se debe a circunstancias en el útero que escapan al control del bebé, como la insuficiencia placentaria, es incapaz de decidir qué es lo que su cuerpo necesita después del nacimiento. Pero siempre y cuando el bebé esté física y neurológicamente sano, este no es el caso.

> *El doctor dijo que Lorenzo necesita por lo menos 24 onzas (680 g) al día. Cada comida puede durar más de una hora, pero trato de asegurarme de que lo reciba porque siempre estoy paranoica de que no gane suficiente peso. Todo el mundo quiere un bebé regordete, cierto, porque piensan que son 'saludables'. Por la noche bebe muy bien y puede beber la botella entera en 15 minutos. No entiendo por qué parece odiar alimentarse durante el día.* – Adelina

Aunque es importante que Lorenzo coma lo suficiente, no tiene la oportunidad de decidir cuál es la cantidad. Adelina decide lo que es "suficiente" basándose en las recomendaciones de su médico, y trata de hacer que Lorenzo beba esta cantidad, ya sea que lo quiera, lo necesite o no. Lorenzo corre un grave riesgo de desarrollar una aversión a la alimentación si Adelina no le deja decidir cuánto beber.

Todo el mundo quiere ver a un bebé aumentando de peso, especialmente en el caso de un bebé con RCIU. Se cree que es más seguro ofrecerle a un bebé un poco más de leche de la que podría necesitar que no ofrecerle lo suficiente. Por lo tanto, los profesionales de la salud tienden a sobrestimar los volúmenes de leche necesarios para permitir el crecimiento acelerado. No hay nada malo en ofrecer a un bebé más de lo que necesita. Sin embargo, si los padres presionan u obligan a su bebé a beber una cantidad "que debe tener", esto podría hacer que se vuelva reacio a la alimentación.

¿VERDADERO O FALSO?

1. El aumento rápido de peso es bueno.

VERDADERO Y FALSO: El aumento rápido de peso puede ser saludable si se logra a paso de bebé. En otras palabras, se le permite decidir cuánta comida necesita su cuerpo. Pero si el crecimiento rápido es impulsado a un bebé como resultado de la alimentación forzada o por sonda de alimentación, esto no es necesariamente saludable. Forzar a un bebé a beber más de lo que quiere puede anular su capacidad innata de autorregular su ingesta, le enseña a comer en exceso, y así aumentar el riesgo de problemas de obesidad en el futuro.

2. Más comida equivale a un crecimiento más rápido.

VERDADERO Y FALSO: Si un bebé nace con bajo peso, como es el caso de un bebé delgado y asimétrico con RCIU, o si se pone por debajo del peso debido a la desnutrición, más comida **podría** mejorar el crecimiento **siempre y cuando la causa sea la falta de nutrición.** Sin embargo, si un bebé ya tiene **una capa saludable de grasa corporal**, como puede ser el caso de los bebés simétricos RCIU y los bebés genéticamente cortos nacidos de padres pequeños, más comida podría aumentar la grasa corporal, pero no aumentará la tasa de crecimiento del esqueleto del bebé. En otras palabras, su longitud no subirá a percentiles más altos en una tabla de crecimiento infantil más rápido de lo que hubiera sido si se le permitiera decidir cuánto comer.

No es difícil sobrealimentar a un bebé mientras su reflejo de succión está presente. En algunos casos, la sobrealimentación puede causar un crecimiento deficiente. Un bebé sobrealimentado puede vomitar, pero no necesariamente vomitará solo el exceso. Una vez que se desencadenan los mecanismos del vómito, puede vomitar todo el contenido de su estómago. En algunos casos menos puede ser más; menos comida, menos vómitos, mejor crecimiento. (Ver sobrealimentación en el Capítulo 5).

Bebés de baja estatura

Los bebés de baja estatura incluyen los bebés de baja estatura familiar (genéticos o hereditarios) nacidos de padres de baja estatura y los bebés simétricos con RCIU.

Una expectativa poco realista sobre el crecimiento puede resultar en que un bebé de baja estatura sea presionado a alimentarse. Esto puede ocurrir porque algunos profesionales de la salud consideran erróneamente que las cifras de aumento de peso semanal promedio son medidas de "aprobación o rechazo". O debido a la expectativa de que el peso y la longitud de un bebé 'debería' subir a curvas de crecimiento más altas.

Un bebé nacido de padres bajitos no aumentará de peso regularmente porque no está genéticamente inclinado a tener un tamaño promedio. Puede ganar menos que el promedio y seguir curvas de percentil más bajas en una tabla de crecimiento infantil.

Un bebé con RCIU simétrico puede ser pequeño o pequeñito y, sin embargo, nacer de padres de estatura media o más alta. Así que aunque no está intrínsecamente predispuesto a ser pequeño, puede ganar menos que el promedio y su peso y longitud permanecen en curvas de percentiles más bajos. Algunos bebés con RCIU alcanzan simétricamente el tamaño esperado de acuerdo con los rasgos hereditarios, y su peso y longitud suben a curvas de percentil más altas, pero esto puede tomar hasta dos años para lograrlo. No todos los bebés con RCIU se pondrán al día completamente. Algunos permanecerán pequeños.

Bebés grandes al nacer

Algunos bebés nacen grandes, pero no están genéticamente inclinados a serlo. Es posible que hayan depositado reservas adicionales de grasa corporal en el útero por varias razones, como la diabetes materna, la dieta materna y ciertos medicamentos. O bien nacieron proporcionados pero inesperadamente grandes en relación con la estatura de sus padres. Estos bebés pueden pasar por un período de crecimiento lento en los primeros meses a medida que sus cuerpos se alinean con su trayectoria de crecimiento determinada genéticamente. Cuando el bebé gana menos de lo esperado, esto puede confundirse con un crecimiento deficiente que se supone que se debe a que el bebé no está recibiendo o no está comiendo lo suficiente. Pero esto no es correcto. (Véase el Capítulo 7 para más información sobre el crecimiento reducido).

El caso de Xavier es un ejemplo de lo mal que se pueden poner las cosas cuando se confunde el crecimiento reducido con el crecimiento deficiente.

Bebé Xavier

Xavier nació pesando 9 libras (lb) 12 onzas (oz) o 4,42 kilogramos (kg). Esto colocó su peso por encima del percentil 97 en una tabla de crecimiento infantil. Su longitud era de 19 pulgadas (48,25 cm), lo que significa que su longitud estaba alrededor del percentil 25. Su madre Mercedes medía 160 cm y su padre Bruno 173 cm. Así que la longitud de Xavier estaba de acuerdo con su dotación genética, pero su peso era una sorpresa para su familia.

Xavier fue alimentado exclusivamente con leche materna desde su nacimiento. Su peso a las tres semanas de edad indicaba que estaba 3,5 onzas (100 g) por encima de su peso al nacer, que está muy por debajo del promedio. La enfermera de salud le dijo a Mercedes que tenía un bajo suministro de leche y le aconsejó que complementara la lactancia materna de Xavier con leche de fórmula para lactantes. Esto creó dudas en la mente de Mercedes acerca de su capacidad para amamantar con éxito y para cuando Xavier tenía cinco semanas de edad, ya estaba completamente alimentado con fórmula.

Al principio, Xavier comía bien con el biberón y ganaba casi el peso promedio cada semana. Sin embargo, la situación cambió alrededor de los dos meses de edad. Comenzó a beber menos de la cantidad recomendada de fórmula según su edad y peso, y su aumento de peso se redujo. Mercedes se dio cuenta de que necesitaba presionar para que Xavier bebiera la cantidad recomendada, pero nunca lo logró. A los tres meses de edad su peso estaba alrededor del percentil 60. Xavier se angustiaba mucho en las horas de comer. Lloraba tan pronto como Mercedes lo sostenía en una posición de alimentación, se agachaba y gritaba y giraba su cabeza contra el pecho de Mercedes, y trataba de alejar el biberón.

La enfermera de salud infantil sospechó de reflujo ácido y le aconsejó a Mercedes que hiciera una evaluación médica de Xavier. Su médico de cabecera le recetó Ranitidina (un medicamento supresor de ácido). Pero esto no ayudó. Xavier fue referido a un pediatra que le recetó Omeprazol (un medicamento supresor de ácido aún más fuerte) y Neocate (una fórmula hipoalergénica). A pesar de estos tratamientos, no hubo mejoría en su comportamiento alimenticio.

A los cuatro meses de edad, el peso de Xavier estaba alrededor del percentil 25. Su consumo de leche bajó a entre 13 y 16 onzas (385 a 475 ml) al día. Fue referido a un patólogo del habla y del lenguaje (SLP) quien confirmó que no tenía ningún problema subyacente de succión. Y también se refirió a un dietista pediátrico que recomendó aumentar las calorías que recibía al cambiarlo a una fórmula de alta energía. Pero esto hizo que bebiera aún menos. Su pediatra sugirió que Mercedes empezara a darle alimentos sólidos. Al principio, Xavier disfrutaba comiendo sólidos, pero al cabo de cuatro semanas se negaba a comer.

A los seis meses su peso había caído al séptimo percentil. Su longitud se mantuvo estable alrededor del 25. Se le diagnosticó un "retraso en el desarrollo" y fue remitido a un gastroenterólogo pediátrico que lo internó en el hospital para una serie de pruebas diagnósticas, todas las cuales arrojaron resultados negativos. Sin opciones, su médico le recomendó que se le diera de comer por tubo. Mercedes y Bruno estuvieron de acuerdo a regañadientes. Xavier permaneció en el hospital durante 10 días, tiempo durante el cual ganó más de 300 g (10 onzas).

Cuando Xavier tenía ocho meses, Mercedes me consultó sobre la posibilidad de destetar el tubo. El crecimiento de Xavier iba por buen camino, pero seguía rechazando los alimentos con biberón y los sólidos, y la situación no parecía mejorar a corto plazo.

Después de tomar una historia detallada de Mercedes, examinando las tablas de crecimiento de Xavier, y la aplicación de alimentación que Mercedes había usado para mantener registros de alimentos y pañales mojados desde el nacimiento, sospeché que el crecimiento reducido de Xavier había sido pasado por alto. Al nacer pesaba 2,5 libras (más de un kilogramo) más que el bebé de tamaño promedio, y sin embargo era más bajo que el promedio. No necesitaba verlo para saber que llevaba generosos rollos de grasa en su cuerpo. Xavier pudo haber nacido como un bebé regordete, pero esto no significaba que estuviera destinado a permanecer así. No sería saludable si lo hiciera. Se esperaría que pasara por un período de crecimiento reducido a medida que su peso se realineara con su forma corporal heredada genéticamente. Su cuerpo comenzó este proceso desde el nacimiento, pero el proceso se interrumpió temporalmente cuando se le cambió a la alimentación con biberón, lo que significaba que se le podía presionar para que bebiera durante un tiempo (hasta que su reflejo de succión desapareció y fue lo suficientemente fuerte como para resistir)

A pesar de haber ganado menos que el peso promedio en las primeras semanas, según los detalles registrados en la aplicación de Mercedes, todas las señales apuntaban a que Xavier era un bebé bien alimentado. No había nada malo con el suministro de leche de Mercedes en ese momento. Lo que se había confundido con un crecimiento deficiente debido a la escasa oferta de leche fue el crecimiento reducido. La consecuencia de la evaluación errónea de la enfermera de salud sobre el crecimiento de Xavier y el suministro de leche de Mercedes -que se suponía que era bajo sin observación de la alimentación ni ninguna otra forma de evaluación- fueron las recomendaciones de alimentación que llevaron a Mercedes a dejar de amamantar mucho antes de lo que había planeado. (La pérdida de confianza de Mercedes en su capacidad de amamantar también podría tener un impacto negativo en cualquier bebé que pudiera tener en el futuro.) Pero esta no fue la única vez que Mercedes y Xavier fueron defraudados.

Una vez que Xavier fue alimentado con leche maternizada, la enfermera sobrestimó sus necesidades de leche maternizada. Utilizó cálculos estándar basados en la edad y el peso, pero no tuvo en cuenta el hecho de que Xavier todavía tenía exceso de grasa corporal, o que sus necesidades podrían ser menores y los aumentos de peso más bajos porque se esperaría que pasara por un período de crecimiento de recuperación. A Xavier se le debería haber permitido tomar la cantidad que quería de acuerdo con sus señales de hambre y saciedad, que reflejaban sus necesidades de crecimiento, pero no lo hizo.

Pensando que estaba haciendo lo correcto, Mercedes le obligó a tomar un volumen de leche demasiado inflado hasta que ya no pudo hacerlo cuando Xavier tenía tres meses de edad. Al alimentarse por la fuerza, Mercedes había hecho que Xavier desarrollara una aversión a la alimentación. Como resultado de su aversión, sus volúmenes de leche cayeron por debajo de sus necesidades. Quemó las reservas de grasa a un ritmo rápido hasta que quedó poco. Lo que inicialmente se había confundido con un crecimiento deficiente se convirtió en un crecimiento deficiente.

Mercedes y Bruno hicieron todo lo que pudieron para encontrar respuestas a por qué Xavier odiaba comer. La enfermera de salud, el médico de cabecera, el pediatra, el especialista en gastrointestinal, el especialista en SLP y el dietista asumieron que su feroz rechazo a la alimentación y su crecimiento deficiente se debían al reflujo ácido y a la alergia a las proteínas de la leche. Si su comportamiento de alimentación aversivo se hubiera debido a estas razones, los medicamentos para el reflujo ácido y la fórmula hipoalergénica habrían solucionado el problema. Según Mercedes, ninguno de los muchos profesionales de la salud a los que consultó le preguntó sobre sus prácticas de alimentación, u observó cómo alimentaba a Xavier. Ninguno consideró la posibilidad de una aversión alimentaria conductual debido a la presión repetida para alimentarse con biberón. Y más tarde presionó para que comiera alimentos sólidos, razón por la cual se volvió reacio a comer sólidos después de cuatro semanas.

Xavier no tenía ninguna causa física subyacente que le impidiera alimentarse oralmente, así que durante un período de tres semanas, logró pasar de la alimentación por sonda a la alimentación oral una vez que su aversión a la alimentación con biberón ya no se vio reforzada. Después de destetar comer con biberón, de lo que disfrutaba ahora, ya no se le presionaba para que comiera, y continuó comiendo también sólidos, que también se ofrecían sin presión. Xavier fue destetado de los medicamentos supresores de ácido y regresó a la fórmula infantil regular sin efectos adversos. Mercedes le permitió decidir cuánto comería y Xavier siguió aumentando de peso. Después de ocho largos meses, Mercedes y Bruno finalmente fueron libres de disfrutar de la vida con Xavier sin el estrés de intentar constantemente hacerle comer. Y Mercedes estaría mejor preparada en el futuro si diera a luz a otro bebé grande.

Ojalá pudiera decir que el caso de Xavier fue excepcional, pero no lo es. Veo escenarios similares en muchos casos de aversión a la alimentación con biberón. Pero la mayoría no llegan al punto de ser alimentados por tubo.

Cuando los errores, descuidos y suposiciones erróneas de los profesionales de la salud desencadenan la secuencia de eventos que lleva a los bebés a desarrollar aversiones a la alimentación, son las familias las que pagan. Para familias como la de Xavier, puede ser un precio muy alto. A Mercedes le diagnosticaron depresión posparto cuando Xavier tenía cinco meses. Tal vez esto hubiera ocurrido incluso si ella no hubiera soportado un estrés implacable durante meses debido a los problemas de alimentación de Xavier. Pero nunca lo sabrá.

Bebés que se alimentan insuficientemente en sus primeros meses de vida

Un bebé puede nacer con un peso saludable en relación a su longitud y después de nacer aumenta de peso muy lentamente debido a la desnutrición.

Desafortunadamente, los profesionales de la salud en general no asignan suficiente tiempo para evaluar a fondo el crecimiento de un bebé e identificar y abordar las razones comunes del crecimiento deficiente, como los problemas con el pestillo de la lactancia materna, los horarios rígidos de alimentación, el equipo de alimentación inadecuado o defectuoso o la privación del sueño del bebé. En cambio, se supone que el pobre crecimiento del bebé se debe a que la madre lactante no tiene suficiente leche, a que el padre no le está ofreciendo suficiente leche a su bebé alimentado con biberón, o a que el padre no está cumpliendo con su responsabilidad de "asegurarse" de que el bebé beba la cantidad recomendada. (Nota: Los padres no son responsables de que el bebé beba una cantidad predeterminada - vea el Capítulo 5 para conocer las responsabilidades de los padres con respecto a la alimentación del bebé). Como resultado, se aconseja a las madres lactantes que complementen la lactancia materna con preparados para lactantes y a los padres de bebés alimentados con biberón que se aseguren de que su bebé coma una cantidad mínima especificada de cada alimento

Debido a la preocupación por la salud del bebé, los padres recurren a la presión o a la fuerza para conseguir que un bebé delgado o de peso inferior al normal se alimente, porque no conocen otra manera de conseguir que consuma suficiente leche para un crecimiento saludable. Al presionar al bebé, esto puede causar una aversión a la alimentación, lo que hace que el bebé deje de alimentarse, agravando el problema que originalmente causaba la desnutrición.

Bebés que se sobrealimentan en sus primeros meses de vida

> *Juan ha sido alimentado con biberón desde que nació. Siempre ha sido un gran alimentador, hasta ahora. Le daba de comer cada tres horas y siempre se terminaba el biberón. Ahora (2 meses de edad) ha empezado a dejar mucha leche en el biberón. Si intento que termine, grita. ¿Por qué de repente no quiere comer?* - CAROLINA

Juan está ahora en una edad en la que puede decidir cuánto quiere beber. Puedo 'ver' por sus medidas de peso y longitud que es un bebé regordete. Reviso su patrón de crecimiento desde que nació. Su aumento de peso hasta la semana pasada ha sido enorme. Es probable que haya estado sobrealimentando desde su nacimiento. El hecho de que haya acumulado generosos rollos de grasa corporal en los últimos meses, además de su nueva capacidad de autorregulación de la ingesta de leche, significa que ahora bebe menos de lo que se estima utilizando cálculos estándar basados en la edad y el peso.

Sospecho que Juan está gritando cuando Carolina 'intenta hacer que termine' porque Carolina no responde de acuerdo a sus señales de saciedad y detiene la alimentación. Carolina necesita dejar que Juan decida lo que necesita su cuerpo. Si no lo hace, podría estar preparándolo para una aversión alimenticia.

Carolina también necesita darse cuenta de que Juan puede beber y ganar menos que el promedio basado en su edad y peso, ya que la forma de su cuerpo se reajusta de acuerdo a su dotación genética.

Un bebé sobrealimentado no es necesariamente un bebé regordete. Incluso los bebés prematuros pequeños y los bebés delgados con RCIU pueden sobrealimentarse. Cuando la ingesta de leche de un bebé previamente sobrealimentado disminuye y/o el aumento de peso disminuye, la mayoría de las personas encuentran esto confuso. Asumen que el bebé debería estar bebiendo más ahora que es más grande. Alarmado, el padre pierde la confianza en que el bebé tomará lo que necesita, y comienza a ignorar las señales de comportamiento que indican que ya no tiene hambre, y persiste en tratar de hacer que consuma la cantidad que estaba tomando anteriormente. Al ignorar las señales de saciedad del bebé y presionarlo para que se alimente, esto aumenta las posibilidades de que desarrolle una aversión a la alimentación.

Bebés genéticamente delgados

Usted no puede luchar contra sus genes. La forma de su cuerpo está programada en su ADN. Como adultos, podemos acumular un exceso de grasa corporal porque comemos por razones equivocadas, como cuando estamos aburridos, cansados, como recompensa, cuando estamos ansiosos o molestos, etc. Los bebés, a diferencia de los adultos, comen por la razón correcta - el hambre.

Un bebé que es reacio a alimentarse tratará de ignorar sus señales de hambre, pero comerá de acuerdo con el hambre una vez que aprenda a disfrutar de la alimentación una vez más. Una vez que el bebé supera su aversión a la alimentación y se le permite decidir cuándo y cuánto comerá, su forma y tamaño corporal seguirá su camino determinado genéticamente. Algunos bebés están naturalmente inclinados a ser más gordos y algunos más delgados que otros.

Como sociedad pensamos que los bebés gordos son bebés sanos y que los bebés delgados están desnutridos. Nadie se preocupa cuando el bebé es gordito, pero todos comentan si el bebé es delgado. Los bebés no necesitan tener un peso promedio o superior al promedio o llevar capas generosas de grasa corporal para estar sanos. Cuando un bebé está delgado, se debe investigar la razón, pero un porcentaje de bebés, como Adrián, están genéticamente inclinados a estar delgados.

Bebé Adrián

Adrián nació con un peso y una longitud promedio. Pero a partir de las ocho semanas de edad, la cantidad de leche que bebía era menor de lo esperado y sus aumentos de peso semanales eran inferiores a la media. La madre de Adrián, Elvia, pasaba la mayor parte del día y la noche tratando de hacer que comiera la cantidad recomendada. Cada alimento que Adrián recibió fue presionado durante más de una hora. Lo que no bebía mientras estaba despierto, Elvia trataba de hacer que lo tomara mientras dormía. Elvia declaró que todo su día giraba en torno a tratar de asegurarse de que Adrián tuviera suficiente para comer. Pero por mucho que lo intentó, no pudo conseguir que comiera la cantidad recomendada.

A los tres meses de edad, Adrián fue clasificado como un "retraso en el desarrollo". A medida que pasaron las semanas, todos los medicamentos habituales para el reflujo y los cambios en la fórmula se probaron sin mejoría en su alimentación o crecimiento, y se tomó la decisión de alimentarlo por sonda. El plan era dejarle comer lo que quisiera comer, pero luego llenarlo con una cantidad específica de fórmula a través del tubo. En menos de una semana dejó de alimentarse por vía oral y fue alimentado por sonda. Vomitaba después de cada comida. Elvia sintió que no podía moverlo ni jugar con él por miedo a que vomitara. Se le cambió a una fórmula de alta energía para proporcionar más calorías en un volumen más bajo y se le dieron medicamentos procinéticos para acelerar el tiempo de vaciado gástrico, pero aun así vomitaba. A menudo tenía gases y se sentía incómodo y dormía mal. Pero sí aumentó un poco de peso, y su peso lentamente llegó al extremo inferior de lo que generalmente se considera un rango normal en relación con su longitud.

A los seis meses de edad, los padres de Adrián me consultaron acerca de destetarlo de la alimentación por sonda a la alimentación con biberón. Sospeché que era contrario a la alimentación con biberón por haber sido forzado en el pasado y por haber sido "alentado" (sin éxito) a tomar un biberón con formas más suaves de presión. Por lo tanto, era necesario abordar esta cuestión. Les recomendé que lo cambiaran a una fórmula de fuerza normal. Fue destetado con éxito durante dos semanas. Después del destete del tubo, Adrián se emocionaba al ver el biberón cuando tenía hambre, lo agarraba, se lo llevaba a la boca, se alimentaba contento y dejaba de chupar en un estado relajado cuando terminaba. Pero él solo comía cerca de las tres cuartas partes de las calorías que sus padres le habían dicho que necesitaba. Preocupados, el dietista les aconsejó que le dieran leche de alta energía una vez más, pero esto resultó en una disminución en la cantidad que comería. Recibía aproximadamente el mismo número de calorías de cualquier manera. Demostrando que no era beneficioso, lo devolvieron a la fórmula de fuerza regular para que recibiera más líquidos.

Durante el mes siguiente, Adrián ganó muy poco y su índice de masa corporal (que proporciona una estimación aproximada de la grasa corporal) cayó por debajo del rango considerado como normal, lo que lo colocó de nuevo en la categoría de bajo peso. Sus padres estaban comprensiblemente preocupados. Sin embargo, a pesar de no beber ni ganar tanto como se esperaba, Adrián estaba mucho más contento ahora que estaba decidiendo cuánto iba a beber. Rara vez vomitaba, ya no tenía gases, dormía mejor, tenía más energía, reía por primera vez e interactuaba con sus padres y con otras personas más de lo que lo hacía mientras lo alimentaban con tubos. También desarrolló algunas habilidades nuevas, rodar y luego sentarse, en rápida sucesión (como resultado de no tener que ser restringido para evitar que se salga del tubo), y de ser capaz de colocarse sobre una manta en el suelo para jugar sin el miedo de vomitar su comida.

Aunque el índice de masa corporal de Adrián indicaba que estaba en la categoría de bajo peso, tenía grasa en su cuerpo, solo que no tanto como antes cuando se alimentaba por sonda o tanto como lo ha hecho el bebé "promedio". Aparte de ser delgado, Adrián mostró todas las señales de que estaba bien alimentado (ver Capítulo 6).

Sus dos padres eran delgados, su padre, Marco, en particular. Pregunté por otros miembros de la familia. Los padres y hermanos de Marco eran muy delgados. Curiosamente, a Marco se le había diagnosticado un "retraso en el desarrollo" cuando era bebé, permaneció delgado cuando era niño y ahora era delgado cuando era adulto. Aparentemente, se ha considerado que ha estado por debajo de su peso durante toda su vida.

Sospeché que Adrián también estaba genéticamente inclinado a ser delgado. Durante los meses siguientes, su peso siguió una curva de crecimiento tres percentiles por debajo de su estatura, clasificado médicamente como bajo de peso, pero siguió siendo un bebé feliz y enérgico que estaba metido en todo, y quedó claro que está naturalmente inclinado a ser más delgado que la mayoría de los demás bebés.

Si su bebé está genéticamente inclinado a ser delgado, usted no lo va a engordar haciéndolo comer más de lo que está dispuesto a comer. Incluso, si consigue que coma más por la fuerza o por una sonda de alimentación, es probable que sus mecanismos homeostáticos se activen para regular su ingesta de acuerdo con sus necesidades. Podría vomitar y evacuar heces más frecuentes o extragrandes y aun así no ganar grasa corporal adicional. (Vea sobrealimentación en el Capítulo 5). Usted no puede cambiar la forma natural del cuerpo de su bebé, pero sí puede cambiar sus expectativas.

Bebés con padres muy ansiosos

> *El médico dice que Sebastián (de 5 meses de edad) comerá lo que necesite y ya veremos cómo le va a ir cuando lo pesemos. Pero el Internet dice que debería estar comiendo por lo menos 2 onzas por cada libra, por lo tanto 28 onzas, y veo a la mayoría de los bebés en el grupo de nuestras mamás que están comiendo más de 30 onzas a su edad. Solo puedo hacer que tome 22-26 onzas. -* MAGDALENA

Magdalena recibió un gran consejo de su médico, pero quería una cifra concreta a la que apuntar para sentirse segura de que Sebastián estaba recibiendo lo suficiente. Mientras que 2 oz/lb/día (120 ml/kg/día) es el promedio para un bebé de la edad de Sebastián, puede ser más de lo que necesita. O podría estar tomando menos de lo que necesita debido a una aversión alimenticia. Después de más preguntas, Magdalena reconoció que estaba usando la presión para tratar de hacerle comer 28 onzas al día. Magdalena no sabrá cuánto necesita Sebastián para un crecimiento saludable hasta que supere su aversión y se le permita decidir cuánto necesita su cuerpo.

Algunos padres – por su propia admisión – confiesan tener un fuerte deseo de 'controlar' cualquier situación dada. Otros pueden haber sido traumatizados por experiencias relacionadas con la alimentación de este bebé o de un bebé anterior, como el hecho de que el bebé haya sido admitido en el hospital debido a que se negó a comer. Así que el deseo de controlar la alimentación del bebé proviene de una necesidad abrumadora de evitar una situación estresante similar. Por cualquier razón, un padre puede tener una figura fija en mente que el bebé 'debe' beber y como resultado pasar por alto o ignorar las señales de saciedad del bebé y usar la presión para controlar cuánto come. Y al hacerlo, hacen que la experiencia de la alimentación sea desagradable o estresante para su bebé, lo cual, cuando se repite, hace que se vuelva reacio a la alimentación.

Otros bebés

Otros bebés que pueden ser presionados para que se alimenten incluyen:

- los bebés que tienen mucho sueño después del nacimiento debido a ictericia u otras razones.
- bebés que experimentaron hipoglucemia después del nacimiento.
- bebés destetados del pecho que pueden estar tomando el tiempo para aprender a chupar de un biberón. (Beber de un biberón es una habilidad aprendida una vez que el reflejo de succión del bebé ha desaparecido).
- bebés que se están recuperando de una cirugía y que no están aumentando de peso lo suficientemente rápido para el gusto de su profesional de la salud.
- retraso constitucional del crecimiento de los bebés.
- bebés con síndromes o trastornos metabólicos que afectan su crecimiento.
- bebés alimentados por tubo cuyos padres están tratando de llegar a la alimentación con biberón.

La aversión a la alimentación no es exclusiva de los bebés que se enumeran en este capítulo. Sin embargo, este capítulo muestra una serie de escenarios que pueden hacer que los padres crean, o que su profesional de la salud les aconseje, que deben hacerse cargo de la alimentación de su bebé para asegurarse de que bebe "lo suficiente".

En este punto, usted ya ha descubierto la causa de la aversión alimentaria de su bebé y posiblemente la razón por la cual se desarrolló esta situación. Ahora es el momento de aprender a animar a su bebé a disfrutar de la alimentación una vez más

PARTE C: Soluciones

9 CINCO PASOS PARA EL ÉXITO

> Paso 1: Asegurarse de que el bebé esté sano
> Paso 2: Planificar para tener éxito
> Paso 3: Motivar al bebé para que se alimente
> Paso 4: Siga el ritmo del bebé
> Paso 5: Apoyar el sueño del bebé

Sus recomendaciones de alimentación funcionaron. Estoy tan feliz. Lourdes solía gritar cuando intentaba darle un biberón, pero ahora se emociona cuando lo ve. Ella misma se aferra a él y se bebe felizmente toda la botella de una sola vez. Incluso, se alimenta cuando estamos fuera, así que finalmente podemos salir de la casa y disfrutar haciendo cosas familiares normales. No podemos agradecerle lo suficiente. Ha cambiado nuestras vidas. – Martina

Estoy encantada de saber que Lourdes ahora disfruta de la alimentación. Esto contrasta con la forma en que se alimentaba hace dos semanas. Anteriormente hizo todo lo que pudo para evitar alimentarse. La eliminación del estrés constante causado por la preocupación de si su precioso bebé comerá lo suficiente para prosperar es un cambio de vida para las familias. Ahora tanto Lourdes como Martina pueden disfrutar de este momento especial juntos.

Los momentos de alimentación deben ser agradables para el bebé y los padres. Aunque este podría no ser el caso en este momento, puede serlo. Para animar a su bebé a que pase de odiar a amar comer, le recomiendo los siguientes pasos:

> **5 PASOS PARA EL ÉXITO**
>
> Paso 1: Asegurarse de que el bebé esté sano.
> Paso 2: Planificar para tener éxito.
> Paso 3: Motivar al bebé para que se alimente.
> Paso 4: Siga el ritmo del bebé.
> Paso 5: Apoyar el sueño del bebé.

Explicaré lo que implica cada paso.

Paso 1: Asegurarse de que el bebé esté sano

Antes de considerar un cambio en el manejo actual de la alimentación infantil, es esencial que su bebé tenga buena salud.

El bebé necesita estar físicamente bien. Cualquier enfermedad puede disminuir su apetito y las posibilidades de resolver con éxito su aversión a la alimentación. Si no está seguro de su estado de salud, pídale a un médico que lo examine.

El bebé debe ser capaz de alimentarse de forma segura con un biberón. Por favor, consulte al médico de su bebé o hágalo revisar por un patólogo del habla y del lenguaje (SLP) si tiene dudas.

Lo ideal es que el bebé tenga una capa saludable de grasa corporal. La mayoría de los bebés perderán un poco de peso durante los primeros días, cuando los padres siguen mis recomendaciones de alimentación, pero vuelven a su peso inicial en una o dos semanas. Según mi experiencia, una pérdida de entre 60 y 300 gramos (2 a 10 onzas) es típica. Los bebés magros tienden a perder menos que los gorditos, probablemente porque tienen menos que perder. Sin embargo, no es posible predecir exactamente cuánto peso podría perder un bebé o cuánto tiempo podría tardar en recuperar ese peso.

¿Qué pasa si el bebé está por debajo de su peso? No es inusual que un bebé que es reacio a alimentarse tenga un peso insuficiente. Si su bebé está por debajo de su peso, usted todavía puede seguir mis **Cinco Pasos para el Éxito**. Sin embargo, recomiendo que su bebé sea examinado por un médico para detectar cualquier problema físico subyacente que pueda estar contribuyendo a un crecimiento deficiente, el cual puede requerir tratamiento. Esta es generalmente una de las primeras cosas que hacen los padres, así que probablemente ya lo ha hecho. Además, pregúntele al médico o a la enfermera de salud del bebé si él o ella le ayudará a controlar su peso y su progreso durante el proceso de resolver su aversión a la alimentación.

Continuar con los medicamentos

Aunque usted continuará con todos los medicamentos recetados, no los agregue al biberón de su bebé. Muchos medicamentos tienen un sabor amargo, lo que puede hacer que deje de alimentarse.

Evite dar medicamentos directamente antes de dar el biberón. Tratar de alimentarlo cuando ya está molesto porque le hizo tomar medicamentos de mal sabor no es lo ideal cuando quiere que disfrute de la alimentación con biberón.

Si se le recetaron medicamentos para tratar la aversión alimentaria de su bebé, y su aversión se resuelve como resultado de seguir las estrategias de este libro, pregúntele a su médico si necesita medicamentos. Por lo general, se asume que el comportamiento de alimentación repugnante de un bebé ocurre como resultado de una afección médica como el reflujo ácido, pero rara vez es el caso. Pero espere a que supere su aversión alimenticia.

Continuar con los aditivos de la leche o los alimentos de alta energía

Continúe con los aditivos de la leche o los alimentos de alta energía como se le ha aconsejado. Sin embargo, tenga en cuenta que las calorías adicionales harán que su bebé beba menos. Una vez que haya superado su aversión a la alimentación, considere la posibilidad de volver a la fórmula de fuerza regular o a la leche materna, que le proporcionará más líquidos para el mismo número de calorías. Esto se puede hacer gradualmente bajo la guía de su profesional de la salud.

Paso 2: Planificar para tener éxito

Piense en maneras de reducir sus niveles de estrés y los de su bebé

Priorizar

Priorice la reparación de la aversión alimentaria de su bebé durante un período de dos semanas. Omita o retrase cualquier cosa que no sea esencial y que pueda molestarlo durante ese tiempo. Cualquier alteración podría causar un contratiempo menor o mayor. Siempre que sea posible, reduzca su carga de trabajo y sus responsabilidades durante este tiempo para que pueda concentrarse en resolver los problemas de alimentación de su bebé de una vez por todas.

Planifique para que el bebé esté en casa

Planee que su bebé esté en casa para todos los alimentos durante este proceso. Sin duda ya ha descubierto que no se alimenta bien mientras está fuera. Esto se debe a que un ambiente desconocido es estimulante. Podría significar que está demasiado interesado en mirar a su alrededor para comer. O se altera demasiado por la estimulación adicional de un nuevo entorno para alimentarse en un momento en el que tiene hambre y todavía tiene miedo de alimentarse. (Su aprehensión no será por mis recomendaciones de alimentación, sino por su recuerdo de haber sido presionado a alimentarse).

Si simplemente no es posible alimentarlo en casa para cada alimento, entonces trate de estar en casa tanto como sea posible. Una vez que deje de ser reacio a la alimentación con biberón, es posible que se sienta feliz de alimentarse dondequiera que se encuentre en ese momento.

Limite el número de personas que alimentan al bebé

Idealmente, uno de los principales cuidadores del bebé, la madre o el padre, proporcionará todos los alimentos a lo largo de este proceso. Si no es posible para una persona, trate de limitar el número a dos. Cuanta más gente alimente al bebé, más tiempo puede durar el proceso y mayor es el riesgo de que alguien lo presione sin querer y sin saberlo, lo que reduce la posibilidad de resolver con éxito su aversión a la alimentación.

Una vez que su bebé haya superado su aversión a la alimentación, estará bien que otros lo alimenten. Pero es esencial que les informe que no deben presionarlo para que coma más de lo que está dispuesto a comer. Cualquier presión podría causar una recaída. Es posible que tenga que describir formas sutiles de presión (vea el Capítulo 3), ya que erróneamente podrían considerarlas como un estímulo o una ayuda para que el bebé se alimente.

Obtener apoyo

Esto puede ser apoyo físico, tal vez para cuidar a otros niños, cocinar o hacer las tareas domésticas mientras usted se concentra en resolver los problemas de alimentación del bebé. O apoyo emocional para ayudarle a evitar caer en viejos hábitos, como tratar de presionarlo para que se alimente. Su pareja, un miembro de la familia, un amigo o un profesional de la salud puede proporcionarle apoyo.

Un profesional de la salud, como el médico o la enfermera de salud del bebé, también podría ayudarlo a controlar su progreso. Si usted no está recibiendo apoyo profesional, pero siente que sería útil, reserve una consulta con un profesional de la salud con experiencia en la resolución de aversiones a la alimentación infantil a través de mi sitio web www.babycareadvice.com.

Paso 3: Motivar al bebé para que se alimente

No hay nada más efectivo que una barriguita hambrienta para motivar a un bebé a alimentarse. Sin embargo, un bebé que se ha vuelto aprensivo o temeroso de alimentarse irá más allá del nivel de hambre suficiente para motivar a un bebé **que no es reacio a alimentarse a** querer comer, antes de que lo haga voluntariamente.

Sin hambre no habrá ningún incentivo para que su bebé quiera comer. Para ayudar a motivarlo, necesita:

- dejar de alimentar al bebé con biberón en estado de somnolencia o mientras duerme.
- dejar temporalmente de darle sólidos y/o amamantarlo durante el día y
- dejar de darle leche por cualquier otro medio que no sea el biberón, como una jeringa, una cuchara o una taza para sorber.

Si la ingesta diaria de leche de su bebé es muy baja, puede haber excepciones (estas se describen en el Capítulo 10). Espere hasta que su bebé haya superado su aversión a la alimentación con biberón antes de volver a comenzar con los sólidos o a amamantarlo durante el día.

Nota: Si usted deja de amamantar temporalmente durante el día para alentarla a que acepte el biberón, existe la posibilidad de que empiece a preferir el biberón y rechace la lactancia materna. (Este riesgo ocurre con cualquier bebé que es amamantado y alimentado con biberón). Solo usted puede decidir si vale la pena alimentarlo con biberón.

¡Un estómago hambriento es un gran motivador! Sin embargo, cuando un bebé es reacio a alimentarse, el hambre por sí sola no le anima a comer lo suficiente para un crecimiento saludable. Aunque se muestra cauteloso al ser presionado -lo que seguirá ocurriendo durante algún tiempo después de que usted haya eliminado la presión-, solo tomará pequeñas cantidades, lo suficiente para calmar los Lucia del hambre, antes de dejar de hacerlo. Antes de que coma a satisfacción, su bebé necesita aprender que la alimentación es agradable. El Paso 4 explica cómo hacer que la experiencia sea agradable.

Paso 4: Siga el ritmo del bebé

El comportamiento de un bebé es un reflejo de sus intenciones y sentimientos. Evita el biberón o muestra un comportamiento de alimentación conflictivo cuando sus experiencias previas de alimentación han sido desagradables o estresantes. Para que la experiencia sea placentera, es necesario eliminar toda la presión para alimentarse, tanto sutil como obvia.

No espere que su bebé pase repentinamente de la evasión a la delicia de alimentarse porque usted deja de tratar de hacer que coma. Eliminar la presión es esencial, pero es solo una parte del proceso. Necesita recuperar **la confianza de su bebé** antes de que supere su aversión. Puede lograrlo demostrando que confía en que su bebé decida cuándo y cuánto comer -aunque no sienta que puede hacerlo en este momento- respondiendo adecuada y rápidamente a sus indicaciones cuando muestre interés en alimentarse y desinterés o rechazo de los alimentos. (La forma de responder se describe en el Capítulo 10).

> La confianza en la capacidad innata de un niño para regular su ingesta alimentaria es la clave para prevenir y resolver muchos problemas de alimentación de bebés y niños.

Solo una vez que su bebé haya superado su miedo a alimentarse y se le permita autorregular su ingesta dietética, podrá demostrarle que es digna de su confianza comiendo lo suficiente para lograr un crecimiento saludable. Pero él solo puede mostrarle si tiene suficiente confianza en él para dejarlo llegar a ese punto.

Paso 5: Apoyar el sueño del bebé

La alimentación y el sueño están estrechamente relacionados. Si su bebé no se alimenta bien, es posible que no duerma bien. Del mismo modo, si no duerme bien, puede que no se alimente bien. Asegurarse de que un bebé reciba un sueño adecuado puede ser difícil en el mejor de los casos. Va a ser más difícil si tiene hambre, lo cual es probable que esté en las primeras etapas de resolver su aversión. El Capítulo 12 describe las maneras de apoyar el sueño de su bebé a lo largo de este proceso.

¿Cuánto tiempo tomará?

Es un proceso lento para deshacer los sentimientos negativos de un bebé sobre la alimentación y reemplazarlos por otros positivos. Necesita experiencias de alimentación positivas repetidas en las que se responde a sus indicaciones **antes** de que se sienta seguro para comer, **antes** de que se sienta seguro de que ya no va a ser presionado para comer, y **antes** de que se relaje, disfrute de la alimentación y continúe chupando con satisfacción hasta que esté satisfecho. Esto no sucede de la noche a la mañana. Basado en mi experiencia, dos semanas es el tiempo promedio involucrado en resolver la aversión de un bebé a la alimentación con biberón. Pero esto puede variar de una a cuatro semanas.

A continuación describo cómo manejar los alimentos de su bebé para promover el placer.

10 GESTIÓN DE LA ALIMENTACIÓN

Reglas de oro para la alimentación
Cuándo ofrecer alimentos
Cómo ofrecer alimentos
Cuántas veces ofrecer en cada alimento
Cómo responder a las señales del bebé

Gracias por explicar lo que significa el comportamiento de Miguel y cómo responder. Nadie me había dicho esto antes. No me di cuenta de que a medida que crecía necesitaba obtener su permiso antes de ponerle el pezón en la boca. Ahora veo que antes confundí sus gritos con dolor cuando me gritaba que dejara de intentar hacerle comer. Ojalá lo hubiera sabido antes. Me siento tan mal que le he hecho odiar que se alimente. – LOLA

Miguel tiene ahora tres meses. Cuando nació, a Lola se le enseñaron métodos de alimentación **dirigidos por los padres**, en los que estos deciden y controlan cuándo y cuánto come el bebé, y se espera que el bebé cumpla. Sin embargo, tuvo que cambiar a prácticas de alimentación **dirigidas por el bebé** -en las que se le permite elegir cuándo y cuánto va a comer, y el padre responde en consecuencia- una vez que Miguel tuvo la edad suficiente para indicar hambre y saciedad. Idealmente, Lola debería haber ajustado sus prácticas de alimentación hace al menos un mes, posiblemente antes, pero nadie le aconsejó que lo hiciera. Y así continuó tratando de controlar la alimentación de Miguel. Esto resultó en una batalla de voluntades que lo llevó a rechazar los alimentos.

Cuando un bebé se ha vuelto reacio a alimentarse, rara vez es suficiente aconsejar a los padres de manera simplista que dejen de presionar a su bebé para que lo alimente. Lo que significa "presión" está abierto a la interpretación. Así que les proporciono a los padres una lista de reglas de alimentación y recomendaciones que son altamente efectivas para revertir los sentimientos negativos de un bebé sobre la alimentación con biberón. Estos se explican en este y en los tres capítulos siguientes. También encontrará una lista de verificación de reglas y recomendaciones en el Capítulo 14.

Comenzamos con las reglas de oro.

Reglas de oro para la alimentación

Hay cuatro reglas de alimentación que yo llamo reglas de oro porque deben seguirse para revertir los sentimientos negativos de un bebé respecto a la alimentación. Estos son:

> **REGLAS DE ORO DE LA ALIMENTACIÓN**
> 1. No presionar para alimentarse.
> 2. No alimentar mientras duerme.
> 3. Alimento solo con biberones.
> 4. Siga el ritmo del bebé.

Hay excepciones a estas reglas, que explicaré.

Regla 1: No presionar

Si el estrés asociado con ser presionado a alimentarse es la razón por la que su bebé prefiere pasar hambre antes que comer, entonces continuar con esta presión reforzará su aversión. Toda la presión debe terminar, incluyendo las tácticas que involucran coerción, engatusamiento y engaño. (Vea el Capítulo 3 para ver ejemplos).

Esto significa que no debe presionar o "animar" al bebé a aceptar el biberón contra su voluntad, ni a beber más de lo que está dispuesto a beber.

No hay excepciones a la regla de 'Sin presión'. Esta regla se aplica por igual a los alimentos diurnos y nocturnos.

> **Definiciones de "día" y "noche"**
> Por "día" me refiero a un período de 12 horas, por ejemplo de seis de la mañana a seis de la tarde, o cualquier otro período de 12 horas que mejor se parezca al día de su bebé. "Noche" se refiere a las 12 horas restantes.

Regla 2: No alimentar mientras duerme

Esto significa que no se debe alimentar al bebé en un estado de somnolencia o mientras duerme **durante el día**. Es posible que tenga que comprometerse con esta regla por la noche si su bebé se niega a comer o toma muy poco durante el día, lo cual es posible en los primeros días en los que se resuelve su aversión a la alimentación.

La razón de la excepción -solo por la noche- es asegurar una hidratación adecuada para que no se vea comprometido físicamente, y también para apoyar su sueño.

Regla 3: Alimento solo con biberón

Cuantas más calorías reciba su bebé por otros métodos, por ejemplo, sólidos, leche por jeringa o taza para sorber, o lactancia materna, menos incentivos tendrá para aceptar voluntariamente la alimentación con biberón. Habrá un punto en el que se las arreglará con las calorías que se le proporcionan de esta manera y continuará rechazando los alimentos con biberón.

Hay excepciones para proporcionar leche usando estos métodos en la noche si la ingesta de leche del bebé durante el día es baja. Es posible que también tenga que seguir amamantando durante la noche para mantener su deseo de amamantar mientras resuelve su aversión a la alimentación con biberón. Sin embargo, este proceso será menos complicado si deja de darle alimentos sólidos al bebé hasta que se resuelva su aversión a la alimentación con biberón

Regla 4: Siga el ritmo del bebé

Esto significa respetar el derecho de su bebé a decidir cuándo y cuánto comerá. Esto está relacionado con la regla de "sin presión", pero se extiende a ser flexible en cuanto a los horarios de alimentación -no a tratar de cumplir con un horario de alimentación- y a proporcionar una respuesta rápida y apropiada a sus indicaciones de comportamiento mientras se alimenta.

Hay algunas excepciones a la regla de "seguir el ritmo del bebé". A medida que lea este capítulo y los capítulos restantes de este libro, encontrará situaciones en las que podría necesitar tomar la iniciativa, no solo en lo que respecta a su alimentación, sino también en lo que respecta a dormir. Estos serán explicados.

Ahora que las reglas han sido cubiertas, a continuación describiré mis recomendaciones de alimentación.

Cuándo ofrecer alimentos

"Oferta" significa precisamente eso. Por favor, no confunda esto con la frecuencia con la que su bebé "debería" alimentarse. Su trabajo es ofrecer. Es el trabajo de su bebé decidir si aceptará o rechazará su oferta. Él no necesariamente aceptará un alimento cada vez que usted le ofrezca, especialmente en los primeros días.

Mientras que la alimentación basada en claves (también llamada alimentación a demanda) tiene sentido en teoría, en términos prácticos no funciona bien para todos los bebés, por ejemplo:

- Un bebé que es reacio a alimentarse podría estar quejándose o llorando debido al hambre y rechazar su oferta de alimentarlo, y seguir quejándose o llorando. Por lo tanto, si usted está ofreciendo alimentos basados en señales de hambre, esto significaría que estaría ofreciendo repetidamente; algo que no recomiendo que haga porque puede convertirse en acoso.
- Los bebés a menudo se quejan, lloran, chupan puños, etc., por razones que no son el hambre, y éstas pueden confundirse fácilmente con el hambre. Por lo tanto, la alimentación basada en la indicación puede significar que usted podría estar ofreciéndole alimentos a su bebé por razones equivocadas, y desconcertada de por qué lo está rechazando. Si espera que lo presionen, como lo ha hecho en el pasado, es posible que no reaccione bien a que le ofrezcan una botella cuando no tiene hambre.
- Algunos bebés tienen un temperamento tranquilo. No son exigentes por naturaleza. La alimentación basada en la alimentación puede significar que el bebé pasa demasiado tiempo antes de que se le ofrezca un alimento.

Un horario de **alimentación basado en el tiempo tampoco** funcionará mientras resuelve la aversión a la alimentación del bebé porque a veces rechaza la alimentación o toma muy poco. Si está molesto por el hambre, no es razonable hacerle esperar hasta que el reloj indique que es hora de la siguiente toma. Podría estar demasiado perturbado para alimentarse si espera demasiado tiempo.

Si su bebé es gemelo (u otro bebé de parto múltiple), es comprensible que usted quiera que ambos bebés se alimenten al mismo tiempo. Esto puede ser posible **después** de que haya superado su aversión a alimentarse y haya comido bien voluntariamente, pero es poco probable que se pueda lograr **durante** el proceso de resolver su aversión.

Entonces, ¿cuándo ofrecer alimentos para bebés? Tiene que ser un **patrón semi demanda** – un equilibrio entre la alimentación basada en claves y la alimentación basada en el tiempo – adecuado para su bebé. No hay un plazo fijo para resolver la aversión del bebé, ya que el punto de equilibrio variará de un alimento a otro dependiendo de su estado de ánimo y de la cantidad que tome. Aquí hay algunos consejos sobre cómo lograr un equilibrio.

El primer alimento del día

El "primer alimento" ocurre una vez que su bebé ha despertado para el día. No asuma que está listo para comer solo porque sus ojos se han abierto. Muchos de nosotros no estamos listos para comer cuando nos despertamos. Esto se debe al efecto persistente de las hormonas supresoras del apetito que se liberan por la noche.

Dé al bebé la oportunidad de demostrar que tiene hambre. Ofrézcale biberón cuando muestre signos que puedan indicar hambre, como quejarse o chuparse los puños o los dedos.

Debido a que algunos bebés no son exigentes, es posible que tenga que darle de comer 30 minutos después de despertarse si no ha mostrado síntomas de hambre antes de ese momento. Pero si encuentra que es más receptivo a la alimentación si espera más tiempo, entonces hágalo.

Alimentaciones diurnas consecutivas

El tiempo que se debe esperar antes de dar el siguiente alimento dependerá en parte del comportamiento de su bebé y en parte del reloj. Las siguientes recomendaciones se aplican sin importar cuánto tomó su bebé en la última toma o si rechazó completamente la última toma.

Si el bebé no está molesto

Si su bebé no muestra signos de malestar que puedan atribuirse al hambre, ofrézcale el siguiente alimento a las tres horas aproximadamente. Si está durmiendo la siesta a esa hora, no lo despierte. Déjelo dormir. Cuando se despierte, dé 15 minutos más o menos para ver si necesita comer, y si no, ofrézcale uno.

Si su bebé rechazó el alimento anterior o tomó muy poco -como era de esperar en los primeros días-, es comprensible que esto le cause mucha ansiedad. Trate de evitar ofrecerle biberón simplemente porque piensa: "Ya debería tener hambre".

Si el bebé está molesto

Como ya se ha mencionado, un bebé que es reacio a alimentarse podría tener hambre y sin embargo rechazar su oferta o podría tomar solo un poco. En cuyo caso, puede que no pase mucho tiempo antes de que vuelva a quejarse debido al hambre. Si acaba de rechazar su oferta para alimentarlo, es muy probable que lo haga de nuevo si usted se ofrece demasiado pronto. A ninguno de nosotros nos gusta que nos ofrezcan comida repetidamente cuando hemos dicho "no". Cuanto más hambriento esté su bebé, mayor será la probabilidad de que acepte una comida. Así que puede que necesite calmarlo lo mejor que pueda y permitir que su hambre aumente un poco más.

Es posible que esté quejándose por razones que no tienen nada que ver con el hambre. Así que intente algunas tácticas de retraso para calmarlo mientras espera a que aumente su hambre, como jugar, bañarse, llevarlo a dar un paseo en el cochecito o en el portabebés, o tomar una siesta.

Solo intente extender el tiempo entre comidas **mientras sea razonable** hacerlo. Si las tácticas de retraso no lo tranquilizan, ofrézcale una comida, aunque solo haya pasado una hora desde la última vez que se la ofreció.

No se obsesione demasiado sobre cuándo ofrecerse. Lo más importante es que usted respete su derecho a rechazar su oferta. Y evite acosarlo con ofertas repetidas.

Durante la noche

La forma de manejar la alimentación nocturna variará según la edad del bebé, la ingesta de leche durante el día y si se despierta o no.

Cuando un bebé es reacio a alimentarse, no encuentra placentera la alimentación y por eso va a tratar de evitar alimentarse o comer muy poco. Si se le deja decidir cuánto come, será menos que ideal en los primeros días, pero aumentará gradualmente a medida que baje la guardia y se relaje mientras se alimenta.

Le recomiendo que use la noche para aumentar la ingesta del bebé, pero solo lo suficiente para cubrir sus necesidades básicas a corto plazo. Demasiado por la noche puede hacer que el bebé pase de comer principalmente durante el día a comer principalmente por la noche. Aunque los volúmenes que se recomiendan a continuación serán menores que los que el bebé necesita a diario, **es solo temporal** hasta que comience a beber más mientras está despierto durante el día.

Gestión de la alimentación

Menos de 10 onzas (300 ml)

Si la ingesta de leche de su bebé durante el día (de seis de la mañana a seis de la tarde u otro período de 12 horas) es inferior a 10 onzas, lo que es posible en los días 1 a 3, ofrézcale una o dos tomas durante la noche, ya sea despierto o somnoliento, para asegurarse de que alcance el mínimo de 10 onzas. **Por supuesto que puede tener más**; así que no deje de alimentarlo porque ha alcanzado las 10 onzas. Si se despierta más tarde en la noche y pide otro alimento, proporciónele uno.

Si su bebé rechaza el biberón mientras está despierto y dormido, ofrézcale leche de una jeringa, un vaso para medicamentos o un vaso para sorber para que alcance el mínimo de 10 onzas. Asegúrese de que el bebé esté despierto y en posición totalmente erguida cuando le suministre la leche con una jeringa o una taza para evitar que se ahogue debido a que la leche corre hacia la parte posterior de su garganta.

Si su bebé también amamanta, ofrézcale al menos dos amamantamientos durante la noche. Si parece estar insatisfecho después de amamantar, ofrézcale el biberón en un estado de vigilia o sueño.

Recuerde, no debe presionarlo para que se alimente mientras está despierto o dormido. A la mayoría de los padres no les resulta difícil asegurarse de que su bebé reciba un mínimo de 10 onzas. Si su bebé **se acerca** a las 10 onzas de leche pero no ha llegado a tiempo, no se asuste. Probablemente se dará cuenta de que le va mejor en el segundo día.

Nota: 10 onzas se basan en leche materna o fórmula de potencia regular, es decir, 20 kcal por onza o 67 kcal por 100 ml. Si su bebé recibe alimentos de alta energía, la ingesta de leche podría ser un poco más baja siempre y cuando el total de sus líquidos diarios se incremente a alrededor de 10 onzas con agua adicional.

Si por casualidad su bebé **rechaza completamente todos los alimentos durante el día** y está muy por debajo de la ingesta mínima de líquidos de 10 onzas al final de la noche, algo que no he encontrado ocurre cuando un bebé está sano y es capaz de alimentarse, y luego regresa a sus métodos de alimentación anteriores, hágase examinar por un médico para asegurarse de que no hay ningún problema físico subyacente. Solo intente este proceso de nuevo si su profesional de la salud piensa que es aconsejable y está disponible para ayudarle a monitorear la situación.

Si su bebé ha tomado de 10 a 14 onzas de leche durante el día, **ofrézcale** una noche de alimentación en un estado de vigilia o sueño. Recuerde, 'oferta' no significa que deba aceptarla. **Si él rechaza** su oferta, inténtelo de nuevo más tarde en la noche. Si se niega, déjelo dormir. **Si acepta** un alimento nocturno, entonces dé un segundo alimento solo si se despierta para exigirlo. Si no se despierta para exigir una segunda noche de alimentación, déjelo dormir.

Catorce+ onzas (415 ml+)

- **Si el bebé es menor de seis meses,** ofrézcale un alimento al final de la noche (entre las nueve de la noche y la medianoche) en un estado de vigilia o sueño, y luego permítale que se despierte y exija cualquier otro alimento nocturno. Si se despierta y demanda una segunda noche de comida, entonces dele una. De lo contrario, déjelo dormir.
- **Si el bebé tiene más de seis meses de edad,** se le puede dejar dormir toda la noche si no exige un alimento nocturno (después de consumir más de 14 onzas en el día). Si se despierta para exigir uno o más alimentos nocturnos, suminístrelos.
- **Si el bebé está por debajo de su peso,** ofrézcale un alimento a última hora de la noche, ya sea despierto o con sueño. Si rechaza su oferta de comida nocturna, no se preocupe. Significa que tendrá más hambre al día siguiente. Si se despierta para exigir uno o más alimentos nocturnos, suminístrelos.

Nota: Estas cifras se aplican a los bebés normales y físicamente sanos para cubrir las necesidades básicas de los bebés más grandes a corto plazo. Esto significa que los bebés más pequeños reciben más en relación con su peso corporal. Estas cifras se aplican a la fórmula de potencia normal o a la leche materna.

Si usted tiene un bebé con bajo peso o con necesidades especiales, por favor consulte con su médico acerca de cuál sería una ingesta diaria mínima aceptable a corto plazo (unos pocos días) y solo intente este enfoque conductual para el manejo de la alimentación con la aprobación y supervisión de su médico.

Cómo ofrecer los alimentos

Demostrar respeto

La mayoría de los bebés que son reacios a alimentarse con biberón han sido obligados repetidamente a llevarse el pezón a la boca en contra de su voluntad. Imagínese lo que se sentiría si alguien tratara de poner comida en su boca sin su permiso. Probablemente se enfadaría o se molestaría. ¿Y si siguieron haciéndolo incluso después de que les dijeras que pararan? Sin duda se enfadaría. Esto se debe a que usted puede decidir por sí mismo si quiere comida o no. Lo mismo ocurre con los bebés sanos. Una vez que su bebé tenga la edad suficiente para indicar hambre y satisfacción, puede decidir si aceptará la comida cuando se la ofrezcan y cuánto necesita comer. Se enojará o se molestará si usted trata de ponerle el pezón en la boca en contra de su voluntad.

Para cambiar los sentimientos negativos de su bebé con respecto a la alimentación, esto debe terminar. Para recuperar su confianza es necesario demostrar respeto por su derecho a decidir cuándo y cuánto comerá 'pidiendo' (a través de sus acciones) su permiso para llevarse el pezón a la boca. Se lo explicaré.

Cómo solicitar permiso

Para dar permiso, el bebé necesita reconocer el biberón. El que un bebé sepa lo que es un biberón y lo conecte con la satisfacción de su hambre depende de su memoria y de sus experiencias con el biberón. Una vez que haya hecho esta conexión, indicará si quiere la botella o no por su comportamiento.

Usted le 'pide' permiso a su bebé mostrándole el biberón. Una vez que esté en posición de alimentación, mueva el biberón hacia su línea de visión, unas seis a ocho pulgadas (15-20 cm) delante de su cara, y haga una **pausa** mientras mide su reacción. Algunos padres lo hacen de forma natural, sin saber que al comprobar la respuesta del bebé están pidiendo su permiso. También puede preguntarle verbalmente si quiere la botella mientras usted hace una pausa. Hacerlo puede ser una buena manera de recordarle que necesita pedirle permiso.

Por supuesto que su bebé no puede dar su consentimiento verbalmente, pero puede mostrárselo. Una vez que haya visto el biberón, le dará permiso para llevarse el pezón a la boca indicando su receptividad, o para negarle el permiso mostrando signos de rechazo. Los signos que indican receptividad y rechazo se describen en la Tabla 10.1.

Tabla 10.1: Receptividad o rechazo

Receptividad	Rechazo
• mirar la botella • emocionarse por la visión de la botella • abrir la boca para aceptar la botella • agarrar la botella y llevársela a la boca	• cerrar la boca • girar la cabeza de un lado a otro o de un lado a otro • empujar la botella o golpear la botella • arquear la espalda **Nota**: El bebé podría rechazarlo porque no tiene hambre o porque es reacio a alimentarse. Un bebé que es reacio a alimentarse rechazará más intensamente y puede llorar o gritar al ver el biberón.

Menos de tres meses: Respuesta del medidor

Un bebé recién nacido podría estar llorando debido al hambre, así vea el biberón, pero si no ha establecido la conexión entre el biberón y la satisfacción del hambre, no va a indicar que lo desea. En cambio, puede continuar llorando hasta que el pezón esté en su boca.

Los animo a que todavía busquen el permiso de su bebé recién nacido porque será un buen hábito para prepararse para el momento en que él les indicará si lo quiere o no. Sin embargo, si al hacer esto parece que no reconoce lo que significa el biberón (una forma de calmar su hambre), colóquele el pezón en la boca mientras llora y mida su respuesta. Empezará a chupar, lo que significa aceptación, o se enfadará, girará su cabeza bruscamente hacia un lado o hacia atrás, en cuyo caso tomará esto como un rechazo. Si muestra signos de rechazo, retire la botella inmediatamente. Tenga en cuenta que los bebés normalmente levantan la lengua cuando lloran. Así que tenga cuidado de colocar el pezón sobre su lengua y no debajo.

Si no está llorando cuando le da de comer y no abre la boca al ver el biberón, trate de golpear suavemente o acariciar sus labios con el extremo del pezón para ver si esto lo incita a abrir la boca. Si no abre la boca para aceptar la botella, no le interesa. Considere esto como un rechazo. Si se aleja de la botella de una manera molesta, también tome esto como un rechazo.

Más de tres meses: Solicitar permiso

Si un bebé alimentado con biberón tiene más de tres meses de edad y ha tenido experiencia previa en la alimentación con biberón, puede reconocer el biberón y ha aprendido a vincularlo con la alimentación. Al ver la botella puede decidir si la quiere o no. A partir de esta edad, usted necesita obtener el permiso de su bebé antes de colocarle el pezón en la boca.

El bebé es receptivo

Si muestra signos de receptividad, está dando permiso; por lo tanto, colóquese el pezón en la boca.

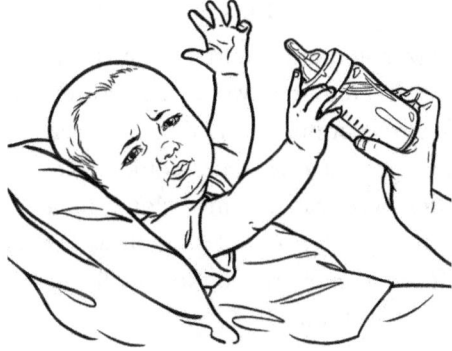

El bebé rechaza

Si su bebé muestra signos de rechazo, usted no tiene su permiso; por lo tanto, **no intente** llevarle el pezón a la boca. Retire la botella inmediatamente y dígale: "Ya veo que no quiere comer ahora. No hay problema. Puede comer más tarde". O algo por el estilo.

Buscar el permiso de su bebé y aceptar su rechazo puede ser muy diferente a lo que usted ha hecho en el pasado. Usted podría haber puesto el pezón en su boca sin importar si él indicó que lo quería o no. Decir las palabras sugeridas es más para usted que para su bebé. Sus acciones serán suficientes para él. Decir estas palabras refuerza en su subconsciente que usted está reconociendo que su bebé no quiere comer en este momento y que usted le está dando una respuesta apropiada al quitarle el biberón. Con el tiempo, la respuesta en armonía con sus señales se volverá automática.

¡Espere rechazos! Muchos bebés que son reacios a alimentarse tratarán de evitar alimentarlos hasta que estén hambrientos. Así que solo porque su bebé muestre signos de hambre o porque hayan pasado muchas horas desde la última vez que se alimentó, no significa que vaya a aceptar su oferta de darle de comer. Lo hará, cuando tenga suficiente hambre. En los primeros días de resolver su aversión, es posible que necesite tener **mucha hambre** antes de hacerlo.

El bebé está distraído

Si su bebé está tranquilo y no muestra signos de receptividad o rechazo cuando se le presenta el biberón, puede estar distraído. En este caso, hable con él y capte su atención, o intente golpear suavemente o acariciar sus labios con el extremo del pezón. Abrirá la boca para aceptar la botella o la rechazará tirando de ella. Pero no lo haga si ya ha mostrado signos de rechazo.

Cuántas veces ofrecer en cada alimento

Su bebé podría rechazar su oferta abiertamente, quizás con mucha fuerza en los primeros días, o podría tomar muy poco, dejar de chupar y repentinamente molestarse o angustiarse porque está anticipando ser presionado. O podría dejar de hacerlo por otras razones, tales como molestias debidas al reflejo gastro-cólico (que desencadena las contracciones intestinales que hacen que el bebé defeque como si quisiera) o molestias de las contracciones intestinales causadas por los efectos secundarios de los medicamentos o porque quiere eructar, o porque estaba distraído.

Para reducir el riesgo de que usted pueda interrumpir su alimentación si se detiene por una razón que no sea el rechazo, le recomiendo que ofrezca dos veces en cada comida, con un descanso de cinco minutos entre cada oferta. No tiene que ser literalmente cinco minutos. Es solo un descanso para darle tiempo de calmarse. Usted puede proporcionar un descanso más largo si siente que él es más receptivo en la segunda oferta como resultado. Sin embargo, sugiero que el descanso no sea mayor de 20 minutos. Una pausa extensa se convertirá en algún momento en el siguiente alimento. Si rechaza o toma muy poco en la segunda oferta, termine la alimentación.

Se sentirá tentado a ofrecer repetidamente. Por favor, no lo haga. Podría tomarlo debido a la coerción o la presión, lo que podría reforzar su aversión. O podría enfadarlo que le ofrezcan repetidamente la botella cuando ya ha sido rechazado dos veces. Así que los animo a que terminen la transmisión después de la segunda oferta. Se le ofrecerá comida de nuevo muy pronto.

Alrededor del cinco por ciento de los bebés se irritan como resultado de ser ofrecidos de nuevo (por segunda vez) después de haber rechazado la comida. Así que si usted encuentra que su bebé acepta la primera oferta pero se molesta repetidamente y rechaza la segunda, entonces ofrézcale solo una vez.

Cómo responder a las señales del bebé

Para que un bebé quiera comer y continúe comiendo durante el tiempo suficiente para llegar al punto de sentirse lleno, necesita asociar la alimentación con algo que sea agradable y satisfactorio. La manera más efectiva de ayudar a su bebé a sentirse de esta manera es responder de acuerdo a sus señales de alimentación. En la Tabla 10.2 se enumeran los signos que indican que el bebé desea continuar o dejar de alimentarse

Tabla 10.2: El bebé quiere continuar o detenerse

El bebé quiere continuar	El bebé quiere detenerse
• sigue chupando • sostiene la botella en su boca mientras hace una pausa	• deja de chupar • enrolla su lengua alrededor del pezón sin chupar • se saca el pezón de la boca con la lengua • empuja la botella con las manos o la golpea • gira bruscamente la cabeza hacia un lado de manera tensa • arcos hacia atrás **Nota**: El bebé puede detenerse de forma pasiva cuando el hambre está satisfecha o de forma alterada o tensa debido a su aversión a la alimentación.

... mientras el bebé se alimenta

Observe el comportamiento de alimentación de su bebé y siga su ejemplo. Mientras esté contento de chupar, déjelo. No rompa el alimento para eructar, cambiar su posición o limpiar una gota de leche. Él le hará saber si algo le está molestando. No lo balancee o lo haga rebotar mientras se alimenta. Esto puede hacer que pierda la succión y frustrarlo.

Manténgase en contacto visual con él mientras se alimenta, si él se lo permite. Háblale o cántale mientras se alimenta. No necesita ser incesante en hablar o cantar. Observe su reacción a su mirada y a su voz. Si esto lo calma y le permite permanecer concentrado en la alimentación, continúe. Pero si eso le distrae o le molesta, tranquilícese.

... ya sea que quiera mucho o poco

Recuerde que su bebé puede decidir cuánto va a beber. Todo lo que beba debe ser bajo sus términos, no los suyos. Suprima el impulso que usted pueda estar sintiendo para controlar sus alimentos y no trate de hacerlo beber si no quiere hacerlo.

Esté atento a las señales que indiquen que quiere detenerse, y responda en consecuencia retirando la botella. Si trata de sacarse el pezón de la boca con la lengua o las manos, gira la cabeza bruscamente hacia un lado o se arquea hacia atrás para separarse del biberón, déjelo. No trate de hacer que mantenga el pezón en la boca y no trate de evitar que se rompa siguiéndolo con el biberón. Deje que se dé la vuelta. (**Nota:** Esto es diferente a un bebé relajado que gira la cabeza para mirar a su alrededor mientras continúa chupando, lo cual no es rechazo. En este caso puede seguirlo con la botella.)

Si deja de alimentarse y se pone tenso o molesto en ese momento, tome un descanso de cinco minutos y vuelva a ofrecerlo. Si rechaza o indica que quiere detenerse en la segunda oferta, finalice el alimento.

Los bebés que son reacios a alimentarse por lo general solo beben voluntariamente pequeñas cantidades antes de rechazarlas. Así que no espere que su bebé coma hasta que esté satisfecho en los primeros días. Evite las tácticas para "alentarlo" a beber más porque sabe que no ha comido lo suficiente y que sus niveles de ansiedad son altos. Tales tácticas típicamente involucran formas suaves de presión.

... pausas, eructos o distracciones

Un bebé puede mostrar y mostrará un comportamiento durante la alimentación que puede interrumpir la alimentación sin rechazarla.

- **Si quiere hacer una pausa,** déjelo. Deje que él marque el ritmo. No mueva ni retuerza la botella para que vuelva a empezar. Cuando un bebé hace una pausa, está relajado, no tenso y molesto.
- **Si deja de eructar,** esto no es un rechazo. Hágale eructar y vuelva a ofrecer el biberón, pero pida su permiso antes de volver a ponerle el pezón en la boca.
- Si se distrae por algo, esto no es un rechazo. Ganar su atención y volver a ofrecer.

- **Si accidentalmente se saca el pezón de la boca,** esto no es un rechazo. Vuelva a ofrecer.

... en caso de duda

A veces no estará segura de si su bebé está rechazando o no. Esto es probablemente porque él también está inseguro. Espera que lo presionen para que se alimente y eso no va a suceder. Así que está confundido. Recuerda haber sido presionado, así que está nervioso. ¿Va a suceder? ¿Es seguro alimentarse? Él succiona tímidamente, pero está medio esperando que lo molesten, así que deja de alimentarse y quiere huir antes de que eso ocurra, por lo que está enviando señales contradictorias. Dará señales más claras una vez que haya aprendido a confiar en que no va a ser presionado.

Mientras tanto, si tiene dudas sobre lo que significa su comportamiento, entonces haga una pausa o termine la alimentación. Es mejor parar demasiado pronto que arriesgarse a que se sienta presionado. Si realmente quería la botella en ese momento, pero usted se la quitó, no tardará mucho en darse cuenta de que necesita tomarla cuando se la ofrezcan sin perder el tiempo. No se va a morir de hambre durante el breve descanso que tendrá que esperar antes de que le ofrezcan otro alimento.

Puede que le sorprenda lo rápido que aprende el bebé. Lucas, de cuatro meses y medio de edad, estaba enviando mensajes contradictorios, por lo que su madre le quitaba el biberón y se tomaba un descanso o terminaba la comida. Al cabo de un día, empezó a agarrar la botella. Era su manera de decir: "No me lo quites, aún no he terminado". Aun así, le tomó muchos días disfrutar de la comida, pero al menos su mamá podía leer sus señales más claras. No todos los bebés agarran el biberón. Así que no espere que su bebé haga esto.

Probablemente tenga preguntas sobre diferentes escenarios en este momento. Los animo a que sigan leyendo. En el siguiente capítulo encontrará respuestas a las preguntas más frecuentes sobre la alimentación.

11 PREGUNTAS FRECUENTES SOBRE ALIMENTACIÓN

> ¿Qué pasa si el bebé no muestra hambre?
>
> ¿Qué pasa si el bebé rechaza o toma poco, cuándo se lo ofrezco de nuevo?
>
> ¿Y si el bebé parece que lo quiere de nuevo?
>
> ¿Qué pasa si el bebé grita antes de ver el biberón?
>
> ¿Qué sucede si el bebé se adormece o se queda dormido mientras se alimenta?
>
> ¿Debo darle agua al bebé?
>
> ¿Debo dar ánimos?
>
> ¿Qué pasa si el bebé quiere movimiento mientras se alimenta?
>
> ¿Qué pasa si el bebé no quiere que lo carguen mientras se alimenta?
>
> ¿Qué pasa si el bebé quiere sostener el biberón?
>
> ¿Qué pasa si el bebé se mete y se saca el biberón de la boca?
>
> ¿Qué pasa si el bebé empieza a jugar con el biberón y no se alimenta?

Planeo seguir sus recomendaciones de alimentación, pero me temo que haré algo malo que impedirá que Fernando supere su aversión.
- Marisol

Marisol - como la mayoría de los padres - tenía muchas preguntas sobre cómo podría manejar diferentes escenarios. Los bebés reaccionan de manera diferente a mis recomendaciones de alimentación dependiendo de los hábitos que ya han establecido. Describiré aquí las principales reacciones -como no mostrar hambre, gritar y quedarse dormido- y cómo le recomiendo que responda. También analizaré otros escenarios, como cuando el bebé quiere sostener el biberón o cuando no quiere que lo carguen para alimentarse, o cuando quiere movimiento.

¿Qué pasa si el bebé no muestra hambre?

Cuando les aconsejo a los padres que esperen hasta que su bebé muestre signos de hambre antes de darle de comer, algunos dicen que no saben qué aspecto tiene. Afirman que nunca han visto a su bebé mostrar hambre antes. Expresan su preocupación de que, a diferencia de otros bebés, su bebé no sienta hambre.

En muchos casos sospecho que el bebé nunca ha sentido hambre debido a la diligencia de los padres para alimentarlo en los momentos preestablecidos y asegurarse de que comió una cantidad prescrita. Pero un bebé sano podría no dar señales claras de hambre por otras razones:

- Algunos bebés tienen temperamentos tan tranquilos que señalan el hambre de una manera muy discreta y no se quejan si los alimentos se retrasan.
- Un bebé con aversión a la alimentación tratará de evitar la alimentación y, por lo tanto, es posible que no muestre las típicas señales de hambre.
- El apetito se puede suprimir cuando un bebé tiene un peso **muy inferior** al normal.

Una vez que los padres dejan de tratar de hacer que su bebé se alimente en contra de su voluntad, la mayoría de los bebés comenzarán a mostrar señales de comportamiento que indican hambre en uno o dos días.

Mientras su bebé está superando su aversión a la alimentación, si no muestra signos de hambre, ofrézcale una comida unas tres horas después de su comida anterior. Ofrézcale un alimento antes si muestra signos de hambre previamente. Pero déjalo más tiempo si está durmiendo la siesta a las tres horas. No lo despierte para alimentarlo durante el día.

Una vez que haya superado su aversión y haya tomado voluntariamente buenos volúmenes de leche, permítale que pida alimentos en lugar de ofrecerlos a las tres horas. Usted puede encontrar que él está contento de pasar más de tres horas sin comer una vez que su ingesta de leche aumenta.

¿Qué pasa si el bebé rechaza o toma poco, cuándo se lo ofrezco de nuevo?

Las recomendaciones descritas en el Capítulo 10, que utilizan un enfoque basado en el tiempo y en la referencia, se aplican independientemente de cuánto tome su bebé o de si toma algo en absoluto.

¿Y si el bebé parece que lo quiere de nuevo?

El comportamiento alimentario conflictivo - en el que el bebé toma unos pocos sorbos, se aleja, lo quiere de nuevo, toma unos pocos sorbos, se aleja, etc., y parece que está vacilando entre querer comer y no querer comer - es común en el caso de una aversión alimentaria no resuelta. Siguiendo mi consejo de responder a las señales del bebé, tendría sentido seguir dándoselo mientras lo desea, ¿verdad? Después de todo, no hay presión. Bueno, hay excepciones a cada regla (excepto la regla de "sin presión") y esta es una de ellas.

Basándome en mi experiencia, he descubierto que si el padre devuelve el biberón una y otra vez, esto tiende a reforzar el comportamiento conflictivo de alimentación del bebé. Así que en las semanas siguientes, el bebé sigue alimentándose de esta manera tensa y desarticulada, y su volumen total diario de leche -aunque mejor que antes- no es tan alto como podría ser. Es como si su aversión a alimentarse solo se resolviera parcialmente.

Si su bebé muestra un comportamiento de alimentación conflictivo, le recomiendo que quite el biberón cuando se rompa, gire la cabeza o se arquee hacia atrás de una manera tensa y molesta, lo que indica rechazo. Luego haga un descanso antes de ofrecer una segunda vez o termine el alimento si esto ocurre en la segunda oferta. Esto podría sonar como un castigo por el rechazo. Pero su propósito es evitar reforzar accidentalmente el comportamiento alimentario conflictivo. Al quitarle el biberón le está demostrando claramente a su bebé que no va a presionarlo para que coma.

Si la botella no está allí cuando él regrese, aprenderá rápidamente a no separarse cuando tenga hambre. Se sorprenderá de lo rápido que se da cuenta de que es mejor que coma cuando se le ofrece el biberón o que tenga hambre durante un poco más de tiempo (que puede ser de cinco minutos hasta la segunda oferta, o de una hora o menos hasta el siguiente alimento si está mostrando signos de hambre en ese momento). Como resultado, el volumen de leche en cada toma comenzará a aumentar dentro de una o dos tomas, y continuará aumentando durante muchos días (con altibajos).

Si bien puede parecer que usted está haciendo pasar hambre a su bebé quitándole el biberón cuando está dispuesto a volver a colocárselo, en última instancia, usted está fomentando un mayor disfrute de la alimentación a largo plazo. No se va a morir de hambre como resultado de esperar un tiempo para que se le ofrezca de nuevo

¿Qué pasa si el bebé grita *antes* de ver el biberón?

Algunos bebés que se han vuelto reacios a alimentarse comenzarán a gritar tan pronto como estén acostados en una posición de alimentación o cuando se les coloque un babero alrededor del cuello porque saben que esto es una señal de que están a punto de ser alimentados.

Muéstrele el biberón a su bebé, determine si muestra signos de receptividad o rechazo y siga las recomendaciones sobre cómo darle de comer en el Capítulo 10.

Si sospecha que sus gritos se deben principalmente a que reconoce que está a punto de ser alimentado, trate de alimentarlo en un lugar diferente al que usted normalmente lo alimentaría. O una posición de alimentación diferente, una que normalmente no asocia con la alimentación, por ejemplo, cuando está mirando hacia afuera. A medida que demuestre que está más relajado (lo que ocurrirá cuando supere su aversión), decida si desea que devolverlo a una posición de alimentación normal.

¿Qué sucede si el bebé se adormece o se queda dormido mientras se alimenta?

Algunos bebés que son reacios a alimentarse se alimentan mejor cuando están somnolientos o dormidos en comparación con cuando están despiertos porque no son tan conscientes de lo que está sucediendo. O pueden haber aprendido a confiar en la alimentación como una manera de dormirse. Cualquiera que sea la razón, la alimentación durante el sueño puede retrasar o impedir que su bebé aprenda a disfrutar de la alimentación mientras está despierto.

Le recomiendo que evite alimentarlo en un estado de somnolencia o mientras duerme durante el día. Y, en última instancia, también por la noche. Sin embargo, puede ser necesario evitar la alimentación en un estado de somnolencia durante la noche de manera progresiva. Hay excepciones a la regla de "no dormir-alimentar" por la noche. (Vea el Capítulo 10 para más detalles).

... durante el día

Si su bebé se adormece mientras se alimenta, pídale que permanezca despierto. Hable con él, acarícielo, dele un respiro para que eructe, o cámbiele el pañal para despertarlo, y ofrezca de nuevo. Si no puede mantenerlo despierto, termine la alimentación, incluso si parece estar dispuesto a seguir chupando mientras está somnoliento. Cuanto más beba en un estado de sueño, más tiempo podrá aguantar antes de aceptar una comida mientras esté despierto. Alimentarlo en un estado de sueño podría significar que aguanta hasta la próxima siesta y luego se queda dormido mientras se alimenta. Puede que se alimente en cada siesta, pero eso no resolverá su aversión ni lo animará a alimentarse cuando esté despierto.

... durante la noche

Cuanta más leche beba su bebé por la noche, menos necesitará beber durante el día. Alimentar a un bebé que duerme puede estimular la alimentación nocturna que el bebé podría no necesitar. Y al hacerlo, el equilibrio pasa de alimentarse principalmente durante el día a alimentarse principalmente durante la noche.

Hay tres excepciones a la regla de "no dormir" durante la noche. Los alimentos para dormir se pueden proporcionar en los siguientes casos:

1. Para asegurar que el bebé alcance un mínimo de 300 ml (10 onzas) en un período de 24 horas.
2. Si un bebé con bajo peso no se despierta para exigir alimentos nocturnos.
3. Si su bebé tiene menos de seis meses de edad, es posible que usted prefiera darle un alimento para dormir (también llamado alimento de ensueño) al final de la noche.

Aparte de estas pocas excepciones, como guía **general**, procure que su bebé se despierte y exija alimentos nocturnos y que empiece a comer por la noche mientras está despierto. Si se adormece mientras se alimenta durante la noche, permítale continuar chupando hasta que deje de hacerlo. Esto también implica un compromiso de la regla de "no dormir". La razón es porque necesita leche en el vientre para dormir. Si él no está durmiendo, usted no está durmiendo, y ninguno de los dos se las arreglará bien al día siguiente. Pero reserve esto solo para las alimentaciones nocturnas.

Estos compromisos se relacionan con la **fase de ajuste** (el tiempo que tarda en resolver su aversión a alimentarse). **Una vez que su bebé ya no sea reacio a alimentarse,** es posible que tenga que evitar la alimentación durante la noche para mejorar la calidad de su sueño (explicado en el Capítulo 12) y para fomentar un patrón de alimentación diurno-nocturno normal, lo que significa que el bebé come principalmente durante el día.

¿Debo darle agua al bebé?

Está bien ofrecer agua para bebés. Sin embargo, no de un biberón, no directamente antes de un biberón, y no demasiado.

Deje que aprenda que la botella contiene leche que satisface su hambre. Ofrezca agua de una cuchara, jeringa, taza de medicina o taza para sorber en vez de una botella. Cuando le ofrezca agua a su bebé, manténgalo en posición completamente erguida para que el agua no caiga a la parte posterior de su garganta y desencadene su reflejo nauseoso o le provoque asfixia. Al proporcionarle agua, su trabajo es ofrecerla, no hacer que su bebé beba. Depende de él si quiere beber agua o no.

Evite ofrecer agua directamente antes de alimentar con biberón. Si la barriga de su bebé contiene agua, es posible que esté menos inclinado a aceptar leche o a beber menos de lo que lo hubiera hecho de otra manera.

Es posible que su bebé rechace las ofertas de agua o que beba solo pequeñas cantidades. Si por casualidad desea beber grandes cantidades, por ejemplo, 4 onzas (120 ml) o más **en el transcurso del día,** consulte con su profesional de la salud que no está bebiendo demasiada agua.

¿Debo dar ánimos?

Sin duda usted estará celebrando por dentro cuando vea a su bebé alimentarse voluntariamente después de soportar semanas o meses de estrés como resultado de su aversión a alimentarse. Y usted querrá fomentar esto. Sin embargo, no es necesario un refuerzo positivo como aplaudir, animar, decirle al bebé que es un buen chico o que está haciendo un gran trabajo porque está chupando. Alimentar y comer son actividades diarias normales que su bebé hará todos los días por el resto de su vida. Su disposición a alimentarse no es excepcional -aunque así lo parezca- y por lo tanto no es algo que requiera celebración.

Su bebé no requiere celebración para motivarlo a alimentarse. Tener su hambre satisfecha, disfrutar de los sabores y experiencias asociadas con alimentarse y comer en un ambiente social con su mamá, papá u otro cuidador, involucrarse con él y responder apropiadamente a sus indicaciones es suficiente aliento.

¿Qué pasa si el bebé quiere movimiento mientras se alimenta?

Alimentar a su bebé mientras usted se para y se mece, rebota en una pelota de yoga o camina con él en sus brazos no es práctico a largo plazo. En algún momento se volverá demasiado grande y pesado para que usted lo sostenga cómodamente mientras lo alimenta. Además, puede ser difícil alimentarlo de esta manera en público, por lo que podría limitar la libertad de su familia para disfrutar de las salidas.

Comience este proceso alimentándolo de la manera que usted desea que lo haga a largo plazo. Puede que se queje y se resista a alimentarse un poco más al principio porque usted no está de pie, balanceándose o rebotando como él ha aprendido a esperar, pero volverá en sí. Solo tiene que ser consistente en ofrecerle alimentos mientras está sentado y quieto.

¿Qué pasa si el bebé no quiere que lo carguen mientras se alimenta?

No querer ser sostenido en una posición de alimentación en los brazos de los padres es común cuando el bebé es reacio a la alimentación.

A medida que la memoria del bebé se desarrolla, aprende a vincular una secuencia de eventos. Cuando se le mantiene en una posición de alimentación, piensa que está a punto de ser alimentado. Si las experiencias anteriores de alimentación han sido estresantes, es posible que empiece a quejarse o a llorar, incluso cuando no hay biberón a la vista, simplemente porque espera que la presionen para que se alimente. Mi recomendación varía dependiendo de la edad del bebé.

Menores de ocho meses

Si su bebé es menor de ocho meses, le recomiendo que persista en ofrecerle alimentos mientras está en sus brazos a pesar de su resistencia. Él vendrá a aceptar una comida en sus brazos cuando tenga suficiente hambre. Probablemente estará tenso y cauteloso por muchos días, esperando que usted la presione como lo ha hecho en el pasado, pero siempre y cuando usted responda a sus señales sin ninguna presión, él se relajará gradualmente y finalmente disfrutará de alimentarse mientras está en sus brazos.

Aprender a disfrutar de la hora de comer en sus brazos le facilitará alimentarla fuera de su casa, en lugar de que él solo quiera comer en un lugar específico.

Si decide darle de comer en otro lugar, por ejemplo, en una mecedora, en un cochecito de bebé, en una silla de paseo, en un asiento de bebé o apoyado en cojines, es posible que acepte el biberón antes, pero luego puede seguir rechazando la alimentación en sus brazos a largo plazo. ¡Pero la elección es suya! Su bebé puede superar su aversión a comer con biberón mientras se alimenta dentro o fuera de sus brazos. La mayoría de los padres que han sufrido estrés a largo plazo asociado con la aversión a la alimentación de un bebé se alegran de que su bebé se alimente voluntariamente y no les importa si se alimenta en otro lugar.

+ Ocho meses

Si su bebé es mayor de ocho meses, intente alimentarlo en sus brazos para mostrarle que usted responderá a sus señales, pero si se molesta, permítale alimentarse en otro lugar, si esto es lo que él prefiere. Los bebés comienzan a ejercer su independencia mientras se alimentan alrededor de los ocho meses de edad. Incluso los bebés que no tienen aversión a la alimentación a veces prefieren alimentarse de forma independiente.

¡La consistencia es la clave!

Cualquiera que sea la decisión que usted tome sobre la posición de alimentación de su bebé, sea consistente. Elija lo que crea que funcionará mejor y cúmplalo. Intentar demasiadas posiciones durante la fase de ajuste podría causarle más frustración que apegarse a una de ellas. Eso no significa que no pueda desviarse nunca de esta posición, pero la consistencia minimiza la frustración innecesaria mientras resuelve su aversión.

¿Qué pasa si el bebé quiere sostener el biberón?

Si el bebé quiere sostener el biberón, déjelo. La mayoría de los bebés, incluso los que no tienen aversión a la alimentación, quieren sostener sus propios biberones a partir de los ocho meses o antes. Los bebés que han sido presionados para alimentarse en el pasado pueden estar más dispuestos a alimentarse si se les permite controlar el biberón.

Si su bebé indica que quiere sostener el biberón pero aún no tiene la coordinación necesaria, considere comprar asas que se adhieran al biberón para ayudarlo.

¿Qué pasa si el bebé se mete y se saca el biberón de la boca?

Si el bebé se saca el biberón de la boca, déjelo. Está probando su nueva habilidad para controlar la alimentación. Posiblemente nunca ha experimentado la libertad de hacer esto antes y está fascinado por este nuevo desarrollo. La novedad desaparecerá en unos días y él dejará de hacerlo.

¿Qué pasa si el bebé empieza a jugar con el biberón y no se alimenta?

Si el bebé comienza a jugar con el biberón, déjelo - dentro de lo razonable. Dé dos o tres minutos para ver si está siendo cauteloso antes de empezar a alimentarse. Sin embargo, si no se alimenta después de un par de minutos, obviamente no tiene suficiente hambre como para querer alimentarse. En este caso, finalice la alimentación e inténtelo de nuevo más tarde.

Jugar con el biberón sin comer no es un hábito que usted quiera fomentar. Podría estar jugando con otras cosas mucho más interesantes.

Dormir lo suficiente es esencial para el éxito del bebé cuando se trata de superar la aversión a la alimentación. A continuación le explicaré cómo apoyar el sueño de su bebé durante este proceso.

12 APOYA EL SUEÑO DEL BEBÉ

¿Por qué es importante dormir?
¿Cuánto sueño necesitan los bebés?
Por qué el bebé podría no dormir
Cómo apoyar el sueño del bebé

> *Tengo que alimentar a Leo mientras duerme porque es la única manera de que beba lo suficiente. A veces se despierta y no come y luego no se vuelve a dormir. Luego tengo un bebé gruñón, cansado y hambriento con el que lidiar. Sé que no duerme lo suficiente, pero mi prioridad es que se alimente. Necesito arreglar sus problemas de alimentación para que todos podamos tener una vida normal.* –
> LUCINDA

Estoy de acuerdo con Lucinda; resolver los problemas de alimentación de Leo es más importante que arreglar cualquier problema de sueño que pueda tener. Sin embargo, un bebé cansado puede no comer bien. Si Leo no está durmiendo lo suficiente, esto podría hacer más difícil resolver su aversión a la alimentación.

Según mi experiencia, nueve de cada 10 bebés que son reacios a alimentarse también tienen un problema de sueño que causa privación del sueño en diferentes grados. Típicamente se asume que el bebé no está durmiendo bien debido al hambre. Aunque esto puede ser una razón, a menudo hay otras causas involucradas. Los describiré en este capítulo.

Por lo general, no es práctico resolver el problema de sueño de un bebé hasta que haya superado su aversión a la alimentación. Sin embargo, puede haber medidas que usted puede tomar a corto plazo para minimizar la privación de sueño y el impacto negativo que puede tener en la alimentación de su bebé. Una vez que esté comiendo bien, puede que descubra que su sueño mejora, o que necesita dirigir su atención hacia la resolución de sus problemas de sueño.

¿Por qué es importante dormir?

Todos sabemos que si un bebé no se alimenta bien, no va a dormir bien. Pero lo contrario se aplica igualmente. Cuando un bebé no duerme lo suficiente, su tolerancia a la frustración será baja o inexistente. Él podría rechazar su oferta de alimentarse, quejarse durante la alimentación, o quedarse dormido mientras se alimenta. Por lo tanto, apoyar a su bebé para que duerma la cantidad de sueño que necesita podría tener una influencia positiva en su aceptación de la alimentación y la ingesta de leche.

¿Cuánto sueño necesitan los bebés?

Durante el tiempo que toma resolver la aversión alimentaria de su bebé, su tarea es minimizar su deuda de sueño. La deuda de sueño es la diferencia entre la cantidad de sueño que necesita y la cantidad que recibe. Saber cuánto sueño promedio necesita para un bebé de su edad puede ayudarle a calcular cuánto sueño necesita.

Tabla 12.1: Número promedio de horas de sueño para la edad

Edad	Tiempo total medio de sueño (horas)	Sueño nocturno medio (horas)	Sueño medio diurno (horas)
1 semana	16½	8½	8
1 mes	15½	8¾	6¾
3 meses	15	10	5
6 meses	14¼	11	3¼
9 meses	14	11¼	2¾
12 meses	13¾	11¾	2

Algunos bebés necesitan dormir más o menos que el promedio, así que por favor use la tabla de arriba como una estimación aproximada. Si su bebé está contento, no importa cuánto duerme. Pero si a menudo está malhumorado y tampoco se acerca al sueño promedio para su edad, entonces la falta de sueño podría estar contribuyendo a su mal humor, como sucede en todos nosotros. El siguiente paso es identificar la razón o razones por las que puede estar perdiendo el sueño.

Por qué el bebé podría carecer de sueño

Un bebé puede tener falta de sueño por muchas razones diferentes. En los casos en los que los bebés tienen problemas por la aversión a la alimentación, las razones principales incluyen:

1. hambre
2. dependencia de las asociaciones negativas del sueño
3. las señales de cansancio se pasan por alto o se confunden con hambre, aburrimiento o dolor.
4. alteración del sueño debido a la alimentación durante el sueño.
5. cambios evolutivos
6. problemas físicos o médicos.

Para algunos bebés, la falta de sueño puede deberse a una combinación de dos o tres de estas razones. Le explicaré cómo estos problemas podrían afectar negativamente el sueño de su bebé mientras resuelve su aversión a la alimentación, y qué hacer para minimizar su deuda de sueño.

Nota: El orden de estas causas de déficit de sueño es diferente para los bebés que no son reacios a alimentarse.

Complicaciones del hambre

Para resolver la aversión alimentaria de su bebé, es vital que usted le permita decidir cuándo comerá y cuánto está dispuesto a comer. Durante las primeras etapas de la fase de adaptación, cuando todavía va a tener sentimientos negativos sobre la alimentación, su ingesta de leche será baja. A veces se enfadará por el hambre. Y sin embargo, a pesar de sentir la incomodidad del hambre, puede que no esté dispuesto a comer. Y cuando lo haga, probablemente no comerá lo suficiente para sentirse contento. Por lo tanto, esto significa que la probabilidad de que se produzcan trastornos del sueño debido al hambre será alta.

Asegurarse de que su bebé duerma lo suficiente va a ser difícil en los primeros tres a cinco días. Lo mejor es que lo intente, simplemente no va a ser posible apoyarle para que duerma la cantidad perfecta de sueño. A veces sus sentimientos de hambre y cansancio chocarán. Cuando esto sucede, el cansancio tiende a dominar. Como resultado, es menos probable que coma, y le puede resultar difícil quedarse dormido y permanecer dormido debido al hambre. Las siestas serán cortas.

A medida que su bebé aprende a confiar en que ya no va a ser presionado a comer, su ingesta de leche aumentará lentamente, y siempre y cuando no haya un problema subyacente de sueño -que podría haber- será más fácil hacer que se duerma y sus siestas se extenderán. Mientras tanto, todo lo que puede hacer es manejar la situación de sueño lo mejor que pueda mientras sigue mis recomendaciones de alimentación, y tratar de permanecer paciente hasta que la situación mejore.

Si tiene un problema de sueño subyacente, es probable que se deba a la dependencia aprendida de las asociaciones negativas del sueño. En este caso, su sueño no necesariamente mejorará a medida que aumente su ingesta de leche.

Dependencia de las asociaciones negativas del sueño

Las asociaciones del sueño son las condiciones, los accesorios o las actividades en las que un bebé aprende a confiar como una forma de dormirse. Los bebés típicamente aprenden a confiar en una o más de las siguientes asociaciones de sueño:

- Cuna o canastilla si el bebé se duerme mientras está en ellas.
- Contacto físico con un padre o cuidador; por ejemplo, abrazos en los brazos de un padre, acostado en el pecho de un padre o al lado de uno de los padres mientras comparte la cama, o llevado en un cabestrillo.
- Alimentación para dormir (pecho o biberón).
- Ser acariciado, sacudido o rebotado.
- Se mece en una mecedora, hamaca o cochecito de bebé.
- Movimiento mientras se conduce en un coche.
- Envuelto en pañales o vestido con un saco de dormir para bebé.
- Música, radio, ruido blanco, sonidos similares a los del útero o silbido.
- Chupando un chupete.
- Agarrar una manta de seguridad o un juguete de peluche.

Las asociaciones del sueño se pueden dividir en dos categorías: positivas y negativas.

> ## Asociaciones entre el sueño positivo y el negativo
>
> **Las asociaciones positivas del sueño** Las asociaciones positivas del sueño están presentes cuando el bebé se duerme por primera vez y permanecen presentes durante todo el sueño del bebé. Por ejemplo, quedarse dormido mientras está en su cama (cuna o camilla), envuelto en pañales o saco de dormir para bebés, chuparse el dedo y el pulgar (el bebé no es suyo) y objetos de seguridad como un amor.
>
> **Las asociaciones negativas del sueño** están presentes en el momento en que el bebé se duerme pero **están ausentes o cambian** de alguna manera después de que el bebé se haya dormido. Esto puede incluir cualquier cosa que usted haga para ayudar activamente a su bebé a dormirse si usted retira su ayuda una vez que esté dormido. También incluye accesorios o ayudas para dormir, como un chupete, un columpio, un móvil musical u otros que se caen o se apagan después de que el bebé se ha dormido.

Cómo las asociaciones del sueño afectan al sueño

Las asociaciones del sueño tienen un efecto profundo en la capacidad del bebé para dormir. La presencia o ausencia de las asociaciones de sueño de un bebé puede influir en la facilidad con la que se duerme y en si permanece dormido el tiempo suficiente para satisfacer sus necesidades de sueño o si se despierta demasiado pronto.

Quedarse dormido

A diferencia de usted, su bebé no puede irse a la cama y establecer su entorno y sus asociaciones de sueño cuando está listo para dormir. Depende de usted o de otro cuidador para que haga esto por él. Una vez que haya aprendido a asociar ciertas condiciones con el sueño, cuando esté cansado se quejará y llorará para que se le proporcionen sus asociaciones de sueño. Si se las ponen a su disposición, se dormirá relativamente rápido (siempre y cuando no tenga hambre).

Sin embargo, si sus asociaciones de sueño se retienen, tal vez porque usted pasó por alto sus signos de cansancio o malinterpretó sus signos de cansancio como hambre, aburrimiento o dolor, o porque usted no estaba consciente de que él ha aprendido a confiar en ciertas asociaciones de sueño para quedarse dormido, él puede permanecer despierto a pesar de su disposición para dormir. Cuanto más tiempo le niegan sus asociaciones con el sueño, más se cansa, más se molesta, y mayor es el riesgo de que llegue al punto de angustia debido a la fatiga excesiva

Permanecer dormido

La presencia de las asociaciones familiares del sueño de un bebé no solo le ayuda a quedarse dormido, sino que también le ayuda a permanecer dormido durante todo el tiempo que necesite despertarse refrescado. Puede que se despierte antes si una necesidad física -como el hambre- requiere atención, pero el riesgo de que se despierte demasiado pronto se reduce significativamente si sus asociaciones de sueño permanecen consistentes durante todo el sueño.

Si las asociaciones del sueño de su bebé están ausentes o cambian de alguna manera después de que se duerme, tiene un mayor riesgo de despertarse prematuramente de su sueño. Pero solo si nota el cambio. Probablemente no va a notar la pérdida de sus asociaciones de sueño mientras está en una etapa de sueño profundo de un ciclo de sueño, pero cuando vuelva a entrar en un sueño ligero podría hacerlo. Es probable que se despierte si siente un cambio en sus asociaciones de sueño. Si no ha dormido lo suficiente, se despertará de mal humor o rápidamente se volverá así debido al cansancio.

Cómo cambia esto según el nivel de fatiga

Una vez que el bebé ha aprendido a confiar en determinadas asociaciones de sueño, puede resistirse a dormirse y despertarse demasiado pronto sin ellas. Cuando el sueño se retrasa o se interrumpe debido a la ausencia de sus asociaciones de sueño, esto puede causar una deuda de sueño. Si esto ocurre varias veces a lo largo del día, su deuda de sueño se acumulará. Por la noche podía llegar al punto de cansancio. Una vez sobrecargado, su pequeño cuerpo comenzará a liberar hormonas de estrés que le dificultan quedarse dormido, incluso si sus asociaciones de sueño están presentes en ese momento.

Después de lo que podrían ser muchas horas de alboroto y llanto debido al estrés asociado con el exceso de cansancio, finalmente se queda dormido ya que el agotamiento físico le domina. Una vez dormido, un bebé recién nacido puede permanecer dormido durante un tiempo prolongado, está demasiado cansado para darse cuenta o preocuparse si sus asociaciones con el sueño están presentes o no, y en algunos casos demasiado cansado para despertarse y exigir alimentos nocturnos. Mientras que un bebé de más de cuatro meses puede despertar varias veces durante la noche si sus asociaciones de sueño no están presentes.

Asociación alimentación-sueño

> **Definición**
>
> **La asociación de alimentación-sueño** significa que el bebé ha aprendido a depender de la alimentación como una forma de dormirse. Luego quiere alimentarse cuando está cansado.
>
> **La alimentación durante el sueño** es cuando el bebé se alimenta mientras está somnoliento o durante el sueño. Es posible que el bebé se canse mientras se alimenta y se duerma o que los padres elijan alimentar a su bebé después de que se haya quedado dormido porque se resiste menos. El bebé **no** depende necesariamente de la alimentación como una forma de quedarse dormido. Si lo está, también tiene una relación entre la alimentación y el sueño.

De las muchas asociaciones de sueño en las que un bebé podría aprender a confiar, me refiero a la alimentación para dormir. La combinación de **la aversión a la alimentación y la asociación alimentación-sueño** es uno de los retos más difíciles de superar.

Muchos bebés que tienen aversión a la alimentación también tienen problemas para dormir. Ambos tienen el potencial de afectarse mutuamente de manera **indirecta**; sin embargo, en la mayoría de los casos se trata de problemas separados. En estos casos, animo a los padres a que aborden cada problema por separado - primero la aversión a la alimentación, después el problema del sueño. Sin embargo, en el caso de una aversión a la alimentación en la que el bebé también tiene una relación alimentación-sueño, los dos problemas están directamente relacionados. Alimentar a un bebé durante el sueño refuerza su problema de sueño y también elimina la motivación de querer comer mientras está despierto.

Seguir mi regla de "no dormir-alimentar" significa que los padres pueden necesitar hacer cambios en la forma en que su bebé se acomoda para dormir al mismo tiempo que resuelven su aversión a la alimentación. Esto se puede lograr, pero va a significar una irritabilidad extra por parte del bebé y un estrés adicional para los padres en los primeros días a medida que el bebé aprende a dormirse de una manera nueva en un momento en que su ingesta de leche es probable que sea baja.

Soluciones a los problemas de asociación del sueño

Resolver un problema de sueño relacionado con la dependencia de las asociaciones negativas de sueño significa cambiar las asociaciones de sueño de un bebé de aquellas que requieren la ayuda de otros o accesorios poco fiables (asociaciones negativas de sueño) a aquellas que apoyan el asentamiento independiente (asociaciones positivas de sueño). Esto se puede lograr a través del entrenamiento del sueño.

Sin embargo, no recomiendo que intente entrenar el sueño mientras ayuda a su bebé a superar su aversión a la alimentación. Resolver su aversión alimentaria va a ser inquietante para él y para usted a corto plazo debido a las complicaciones del hambre. Tratar de resolver ambos problemas al mismo tiempo causaría innecesariamente más estrés para todos los involucrados, y podría resultar en un fracaso en ambos frentes. Enfóquese en lo que es más importante, y es su aversión alimenticia. Mientras tanto, usted puede ayudarlo a dormir de varias maneras.

Cómo apoyar el sueño del bebé

Mis recomendaciones sobre cómo apoyar el sueño de su bebé difieren dependiendo de si está en el proceso de resolver su aversión a la alimentación o si ya no es reacio a la alimentación.

Mientras se resuelve la aversión del bebé

Si usted todavía está resolviendo la aversión alimenticia del bebé, podría ayudarlo a dormir más de unas cuantas maneras. Primero identifique las asociaciones actuales de sueño de su bebé y proporciónelas cuando observe sus señales de cansancio. Esto le ayudará a dormirse.

Si a menudo se despierta después de dormir la siesta solo brevemente, decida si puede estimular más el sueño **volviendo** a sus asociaciones de sueño. O considere si puede ser más efectivo **mantener** sus asociaciones de sueño durante todo el sueño.

Las asociaciones de sueño del bebé que regresa generalmente funcionan por la noche, pero es posible que no lo hagan volver a dormir si sus siestas se acortan y se despierta llorando. Para entonces podría estar demasiado molesto debido a la pérdida de sus asociaciones de sueño como para volver a dormir. Si usted le devolviera sus asociaciones de sueño **a medida que se despierta** entre los ciclos de sueño y antes de que se despierte completamente, hay una mayor probabilidad de que vuelva a dormir. Por ejemplo, si está acostumbrado a ser mecerse para dormir en su cuna mientras chupa un chupete, es posible que tenga que observarlo de cerca mientras duerme la siesta. Cuando lo vea comenzar a agitarse entre los ciclos de sueño, asegúrese de que tenga su chupón y indúzcalo de nuevo en un sueño profundo. Por supuesto que esto no funcionará si ya ha dormido lo suficiente.

Manteniendo sus asociaciones de sueño. Si continúa preocupado por las siestas cortas, es posible que tenga que mantener sus asociaciones de sueño durante todo el sueño.... si es posible. Por ejemplo, si depende de que lo abracen para que duerma en sus brazos, es posible que tenga que seguir abrazándolo hasta que se despierte.

Una excepción a continuar proporcionando la asociación actual de sueño de su bebé es si él depende de la alimentación como una forma de quedarse dormido. **En el caso de una asociación de alimentación-sueño**, le recomiendo que no solo evite alimentar a su bebé en estado de somnolencia (durante el día pero no necesariamente por la noche), sino que también evite que se duerma mientras chupa el biberón, tanto de día como de noche. Recuerde: si durante el día se adormece mientras está comiendo, hable con él, acaríciolo, rompa el alimento, siéntelo, despiértelo y ofrézcale de nuevo. Si no puede mantenerlo despierto, quítele el biberón y termine la comida. Por la noche, continúe alimentándolo mientras está somnoliento, pero trate de evitar que se duerma mientras se alimenta. Cambie su pañal después de la comida como una forma de despertarlo. Entonces haga que se duerma de una manera diferente.

El objetivo es simplemente evitar alimentarlo para que duerma, no para el tren del sueño. Si le gusta chupar un chupete, puede darle esto y abrazarlo para que se duerma. Habrá cierta resistencia por su parte durante unos días debido al cambio. Pero si usted es consistente en no dejar que se duerma mientras se alimenta y en vez de eso lo asienta de la nueva manera, debería ser más fácil después de unos tres días y tres noches

Después de resolver la aversión del bebé

Una vez que se hayan resuelto los problemas de alimentación de su bebé, decida si desea continuar apoyando su sueño proporcionando sus asociaciones actuales de sueño. Si hacer esto 24/7 no es sostenible a largo plazo, le recomiendo que considere el entrenamiento del sueño. Usted encontrará varias maneras de manejar o resolver los problemas de la asociación del sueño en mi libro de sueño infantil – *Tu Bebé Desvelado*– disponible a través de mis dos sitios web www.babycareadvice.com y www.yourbabyseries.com, así como de los distribuidores de libros en línea más populares.

Pasar por alto los signos de cansancio del bebé

Su bebé no puede decirle cuándo está listo para dormir, pero mostrará signos de que se está agitando cuando está cansado. Como su cuidador, depende de usted reconocer cuando está cansado y darle la oportunidad de dormir.

Desde el nacimiento hasta los tres meses

Los bebés pequeños rara vez muestran los signos típicos de cansancio de niños y adultos. Esto se debe a que sus movimientos corporales están controlados principalmente por reflejos (un reflejo es una respuesta automática e involuntaria). El comportamiento que comúnmente muestran los bebés menores de tres meses de edad y que indica cansancio, desde el comportamiento temprano y sutil hasta el comportamiento no tan sutil, incluye:

- Gimoteos → llanto → gritos
- Mirada vidriosa → desvía la mirada → desvía la cabeza (los bebés no pueden voltear la cabeza hasta los dos meses) → arquear la espalda (usualmente a partir de los 3 meses)
- Fruncir el ceño → hacer una mueca (una expresión dolorosa que involucra ojos cerrados y una boca abierta)
- Puños apretados
- Levanter las rodillas
- Agitar brazos y piernas → sacudir, movimientos rápidos de brazos y piernas
- Buscar Consuelo chupando o alimentándose.

Si el bebé se duerme regularmente mientras se alimenta con biberón, esto puede significar que ha desarrollado una asociación entre la alimentación-sueño. En este caso, puede parecer que tiene hambre cuando está cansado.

Más de tres meses

A los tres meses de edad, muchos de los reflejos infantiles del bebé han desaparecido y ha adquirido un mayor control voluntario sobre los movimientos de sus brazos y piernas. Así que ahora ya no mueve frenéticamente los brazos y las piernas cuando lo acuesta. Las señales de comportamiento que indican cansancio son más fáciles de reconocer en este grupo de edad en comparación con los recién nacidos. Estos incluyen:

- gimoteos → llanto → gritos
- pérdida de interés en los juguetes o en el juego
- desviar la cabeza → arquear la espalda
- chuparse los dedos o las manos
- tirar de las orejas o del cabello
- frotarse la nariz o los ojos
- bostezo
- aferramiento
- temperamento de los arrebatos.

Al igual que los adultos, la mayoría de los bebés no bostezan cuando están cansados. Por lo tanto, si está esperando para observar un bostezo antes de dormir al bebé, es posible que lo deje despierto demasiado tarde.

No todos los bebés muestran los mismos signos o la misma intensidad. Dependiendo de su temperamento (rasgos de personalidad innatos), algunos bebés pueden mostrar solo signos sutiles de cansancio, mientras que otros pueden parecer que pasan de contentos a angustiados en un instante. Pero en realidad, la mayoría mostrará los sutiles primeros signos de cansancio.

Cuando esperar señales de cansancio

Además de aprender qué señales de comportamiento debe tener en cuenta, puede que le resulte útil saber cuándo anticipar que su bebé probablemente se cansará. A continuación encontrará el promedio de los períodos diurnos que pasa despierto antes de necesitar una siesta. Durante la noche usted no quiere fomentar ningún tiempo despierto, aparte del que se requiere para alimentarse.

Tabla 12.2: Tiempo promedio estando despierto por edad

Edad	Estimación de tiempo despierto durante el día (incluyendo la alimentación)
2-6 semanas	1-1¼ horas
6 semanas-3 meses	1-2 horas
3-6 meses	2.0-2.5 horas
6-9 meses	2.5-3 horas
9-12 meses	3-4 horas

Considere el marco de tiempo relevante para la edad del bebé, pero esté atento a los primeros signos de cansancio antes de intentar que se quede dormido. Si el momento es el adecuado y usted nota señales de que el bebé se está volviendo inestable, puede sentirse bastante seguro de que el cansancio es la razón, o al menos en parte responsable de su comportamiento.

Cuando un bebé es reacio a alimentarse y, por lo tanto, no bebe tanto como necesita, o si tiene un problema de asociación con el sueño, es posible que el sueño se interrumpa y que muestre signos de cansancio antes de la hora sugerida.

Cuando muestre señales de cansancio, compruebe que se satisfacen sus necesidades físicas, llévelo a un ambiente tranquilo y póngalo a dormir. Él se asentará más rápido si usted le proporciona sus asociaciones familiares de sueño en este momento.

Interrupción del sueño debido a la alimentación durante el sueño

Los padres a veces se dan cuenta de que despiertan a su bebé accidentalmente al intentar alimentarlo mientras duerme. Si sigue mi regla de "no dormir-alimentar" esto ya no será una razón para que a tu bebé le falte sueño.

Cambios en el desarrollo

A medida que su bebé madura y se desarrolla física, emocional e intelectualmente, sufrirá cambios en su desarrollo que pueden afectar su sueño. Por ejemplo:

Desarrollo del cerebro: Su bebé será cada vez más consciente de su entorno con la edad. A medida que su memoria se desarrolla, aprenderá a esperar una cierta respuesta de usted y a anticipar una secuencia de eventos basados en el cuidado que usted ha proporcionado en el pasado. Podrá reconocer las consistencias e inconsistencias en el cuidado que recibe. Esto incluye la forma en que se asienta para dormir.

Cuatro meses es una edad común para que el sueño de los bebés se deteriore. La causa más frecuente es que el bebé es más consciente de la ausencia de asociaciones familiares de sueño durante el sueño ligero. Si nota que faltan sus asociaciones de sueño, es probable que se despierte aún cansado después de un ciclo de sueño, y que se despierte frecuentemente durante la noche y pida a gritos que se le devuelvan sus asociaciones de sueño. (Un ciclo de sueño durante el día puede variar de 20 a 45 minutos dependiendo de la edad. Cuanto más joven sea el bebé, más corto será el ciclo de sueño.

El desarrollo emocional significa que experimentará ansiedad por separación a partir de los siete meses y hasta un máximo de nueve a diez meses. Puede empezar a despertarse y llorar en la noche para ser tranquilizado por su presencia.

El desarrollo físico, como rodar, sentarse y pararse, significa que su bebé podría practicar estas habilidades durante lo que normalmente serían breves despertares entre los ciclos de sueño. Puede que entonces se encuentre atrapado en una posición de la que no puede salir sin ayuda. Molesto por su situación, pide ayuda a gritos, y así una breve excitación se convierte en un despertar completo que requiere un mayor esfuerzo para volver a dormir.

Siempre y cuando no haya razones de comportamiento para la alteración del sueño, como la dependencia de asociaciones negativas del sueño, la vigilia debido a razones de desarrollo suele ser solo temporal. Su bebé lo superará.

Condiciones físicas y médicas

Al igual que los problemas de alimentación, los problemas físicos son los últimos en la lista cuando se trata de problemas de sueño que afectan a los bebés **físicamente sanos**. Por supuesto, si un bebé está enfermo o tiene una **afección no tratada** que le causa molestias, el riesgo de que un problema médico provoque la interrupción del sueño se sitúa en lo más alto de la lista de posibilidades.

Los problemas físicos menores pueden incluir la dentición o el estreñimiento. Los problemas más graves incluyen enfermedad, trastorno digestivo no tratado, afecciones crónicas y deterioro neurológico. Estos problemas no solo pueden afectar el sueño, sino que también pueden afectar negativamente el apetito, el deseo o la capacidad de comer de un bebé.

Si su bebé tiene un problema físico, asegúrese de que éste sea tratado antes de comenzar con mis recomendaciones de alimentación. Sin embargo, los problemas físicos no relacionados tienen el potencial de ocurrir después de comenzar. Si su bebé experimenta un problema físico mientras usted le ayuda a superar su aversión a la alimentación con biberón, debe sopesar la gravedad del problema, si se puede tratar rápidamente y qué tan cerca está de superar su aversión.

Detener el proceso antes de que se resuelva la aversión del bebé significa que no estará consumiendo voluntariamente suficientes cantidades de leche. Esto puede hacer que usted se sienta inclinado a presionarlo una vez más para que coma o a volver a alimentarlo mientras duerme. Al hacerlo, cualquier progreso que ya se haya logrado puede perderse. Por otro lado, hay un punto en el que podría ser irrazonable continuar si está enfermo.

Si se trata de un caso de dentición o estreñimiento, por lo general se puede controlar o corregir rápidamente y es posible que usted encuentre que está bien para continuar. Nota: Mis recomendaciones de alimentación generalmente no causan estreñimiento en el bebé. Sin embargo, si un bebé es propenso al estreñimiento, podría llegar a serlo durante este proceso.

Los siguientes signos podrían indicar enfermedad o un problema físico:

- fiebre
- vómito
- diarrea
- tos, pecho apretado, secreción nasal
- sarpullidos
- gritos persistentes e inconsolables no relacionados con los horarios de alimentación
- letargo.

Si su bebé muestra cualquiera de estos signos, pídale a un médico que lo examine. Consulte con su médico si es aconsejable continuar con el plan de alimentación o volver a las prácticas de alimentación anteriores hasta que se recupere, momento en el cual considere volver a intentar resolver su aversión a la alimentación.

En el próximo capítulo explicaré cómo monitorear el progreso de su bebé a través del proceso de resolver su aversión.

13 MONITOREAR EL PROGRESO DEL BEBÉ

> ¿Cuánto tiempo tomará esto?
> Cómo seguir el progreso del bebé
> Registro de la ingesta y salida de líquidos del bebé
> Clasificación del comportamiento alimenticio del bebé
> Qué esperar
> Signos de que el bebé ya no es averso

Es el tercer día y Moni parece estar mejorando. Ahora toma la botella cuando se la ofrezco, pero no bebe mucho. Me preocupa que no empiece a tomar más. ¿Cuándo puedo esperar que beba más? ¿Cómo sabré cuando haya superado su aversión alimentaria? – Micaela

Micaela se siente nerviosa, y por una buena razón; la aversión a la alimentación de un bebé es una de las situaciones más estresantes que un padre puede enfrentar. Al seguir mis recomendaciones de alimentación, Micaela dará un salto de fe. Ahora le está permitiendo a Moni decidir la cantidad de leche que tomará. Pero esto es nuevo para Micaela, y sin duda es una perspectiva desalentadora. Si Micaela no sabe qué esperar, existe un alto riesgo de que la ansiedad relacionada con la ingesta de leche de Moni haga que se dé por vencida demasiado pronto y vuelva a su práctica anterior de presionar a Moni para que coma.

En este capítulo describo cómo se comportan típicamente los bebés en respuesta a mis recomendaciones de alimentación. Saber qué esperar puede disminuir su ansiedad y ayudarle a sentirse más seguro de que las cosas van por buen camino. De esta manera, usted puede continuar por el tiempo suficiente para lograr el objetivo final de que su bebé disfrute de la comida.

¿Cuánto tiempo tomará esto?

Me encantaría proporcionar a los padres desesperados un remedio inmediato para la aversión alimenticia de su bebé sin inquietar al bebé o a los padres a corto plazo, pero no existe tal solución. Los patrones de comportamiento toman tiempo para establecerse, y también toman tiempo para cambiar.

Un bebé no pasa de temer a abrazar la alimentación de la noche a la mañana. Incluso después de que los padres cesan toda forma de presión y responden en armonía con las señales del bebé, pueden pasar semanas antes de que se recupere de la aversión a la alimentación.

Aunque el tiempo promedio para resolver una aversión a la alimentación usando mis Cinco Pasos al Éxito es de dos semanas, puede variar dependiendo de la edad del bebé, su temperamento, su sensibilidad a la presión, con qué frecuencia y por cuánto tiempo ha sido presionado para que se alimente y el nivel de presión que ha ejercido (p. ej., presión forzada o suave).

La duración de este proceso también varía dependiendo de si el padre sigue mis recomendaciones de alimentación o si dobla las reglas. Por ejemplo, ofrecer al bebé un biberón con más frecuencia de la recomendada, o alimentarlo mientras duerme durante el día. En el mejor de los casos, doblar las reglas prolongará el proceso por quién sabe cuánto tiempo. En el peor de los casos, impedirá que el proceso funcione. (El Capítulo 14 describe las razones de la falta de progreso).

Lleve un registro del progreso del bebé

A lo largo del **período de ajuste** – el tiempo que toma recuperar la confianza del bebé y cambiar sus sentimientos sobre la alimentación de evitarla a deleitarse - le animo a que esté atento a ciertos indicadores para determinar si las cosas van por buen camino. Para identificar estos marcadores, recomiendo las siguientes estrategias:

1. Registre la ingesta y salida de líquidos del bebé.
2. Califique su comportamiento alimenticio.
3. Compare el progreso del bebé con 'Qué esperar'.
4. Veamos cada estrategia en detalle.

Registrar la ingesta y salida de líquidos del bebé

Probablemente ya ha estado controlando cuánto bebe su bebé y, posiblemente, con qué frecuencia hace pipí y popó. Continúe con esto durante el período de ajuste. La siguiente tabla puede serle útil. Pero cualquier manera que usted elija para registrar lo que el bebé toma y saca funcionará. Puede que tenga una aplicación en su teléfono.

Tabla 13.1: Tabla de fluidos, pañales mojados y comportamiento

Día: Volumen diario de leche: Número de pañales mojados: Volumen de agua diario: Movimientos intestinales:							
Tiempo	1ra cantidad ofrecida	Valoración	2da cantidad ofrecida	Valoración	Cantidad Total	Pipí	Popó

Leche

La ingesta de leche de su bebé será una forma de evaluar su progreso. Los tiempos de grabación y los volúmenes le permitirán ver su patrón de alimentación y considerar cómo se compara día a día.

Trate de que su bebé reciba un mínimo de 300 ml (10 onzas) de **líquidos** en un período de 24 horas, dándole de comer durante la noche si es necesario. Idealmente, esta será toda la leche si el bebé está tomando leche materna o leche de fórmula (20 kcal por onza o 67 kcal por 100 ml), pero un poco menos de leche está bien si le dan alimentos de alta energía y tiene un poco de agua que le lleva el total de líquidos a alrededor de 10 onzas. La mayoría de los bebés no caen tan bajo, pero un pequeño porcentaje sí.

Aunque puede esperar una disminución significativa en la ingesta de leche del bebé cuando cambie por primera vez sus prácticas de alimentación, no debería permanecer tan baja durante más de un par de días. La ingesta de leche aumentará gradualmente durante el período de ajuste, pero no en un patrón lineal perfecto. Habrá altibajos, pero una mejora general.

Agua

Lleve un registro de la cantidad de agua que bebe el bebé. Si la ingesta de leche de su bebé cae por debajo de 10 onzas en un período de 24 horas, incluya su ingesta de agua en la estimación de líquidos.

Orina

Controle de cerca la frecuencia con la que orina su bebé. Incluso un pis pequeño (como lo demuestra un pañal ligeramente húmedo) cuenta como pis, revise y cámbiele el pañal regularmente, incluso si sus pañales están ligeramente húmedos.

La frecuencia con la que su bebé orina le dará alguna indicación de su nivel de hidratación. Cinco o más pañales mojados en un período de 24 horas significan que está adecuadamente hidratada en la actualidad. Tres o cuatro pañales mojados en 24 horas significa que está ligeramente deshidratado. Esto no dañará a un bebé físicamente sano a corto plazo. Los bebés a menudo se deshidratan levemente cuando no están bien, y durante un período mucho más largo que el que podría ocurrir durante el período de ajuste.

Encuentro que alrededor del 75 por ciento de los bebés que pasan por este proceso no caen menos de cuatro pañales mojados. El veinte por ciento puede tener tres pañales mojados por día, y el cinco por ciento baja a tres pañales mojados por dos días. Si el número de veces que su bebé orina se redujo a tres pañales mojados en 24 horas, trate de aumentar los líquidos que recibe, pero sin presión. Esto puede involucrar agua o leche a través de una jeringa, cuchara o taza, uno o dos alimentos para dormir por la noche, o como último recurso un alimento para dormir durante el día.

Movimientos intestinales

Es probable que el bebé beba menos leche en las primeras etapas como resultado de la presión que se le quita y de la suspensión de la alimentación diurna con leche o con una cuchara o jeringa. Así que probablemente no vaya a defecar tan a menudo como siempre. Es poco común que un bebé se estriña durante este proceso, pero puede ocurrir en un pequeño porcentaje de bebés. Si su bebé es propenso al estreñimiento, debe tener cuidado con esto. Si sospecha que está estreñido, proporcione el tratamiento habitual o pídale a su médico que le recomiende un tratamiento.

Evaluar el comportamiento alimenticio del bebé

El progreso de su bebé no se basa únicamente en la cantidad de leche que bebe. El propósito principal de responder a sus señales de interés y desinterés en la alimentación es animarlo a disfrutar de la alimentación. Una vez que esto suceda, consumirá suficiente leche para mantener un crecimiento saludable. Por lo tanto, los signos que indican que está empezando a relajarse y a disfrutar de la alimentación también indican un progreso positivo.

Consulte la Tabla 13.2 y califique el comportamiento de alimentación de su bebé en cada comida. Compare las calificaciones de comportamiento de un día para otro para monitorear su progreso. **Nota:** Las calificaciones se basan únicamente en el comportamiento y no en la cantidad de leche tomada.

Tabla 13.2: Rangos de comportamiento de alimentación

5	Se alimenta de manera relajada
	termina el alimento de forma pasiva
4	Molestias o distracción menores al alimentarse
	termina el alimento de forma pasiva
3	Aparece inquietud a lo largo de la alimentación
	Termina la alimentación de una manera tensa.
2	Muestra el comportamiento conflictivo de la alimentación (ver Capítulo 1 para una descripción); gritos durante la alimentación
	Termina la alimentación abruptamente de una manera angustiosa
1	Grita tan pronto como se da cuenta de que le van a dar de comer (en lugar de llorar por hambre) o cuando se le muestra el frasco que rechaza de manera angustiosa (a diferencia del rechazo pasivo porque no tiene hambre))

Ahora veamos lo que usted puede esperar con respecto a la ingesta de leche de su bebé y las calificaciones de comportamiento durante el período de ajuste.

Qué se puede esperar

Cuando les explico a los padres lo que pueden esperar, me gusta describir cómo se comporta un bebé muy resistente. De esta manera, los padres no se alarmarán indebidamente si este es el caso de su bebé. Sin embargo, encuentro que la mayoría de los bebés lo hacen mejor de lo que describo. Le animo a que espere que su bebé sea muy resistente. Si lo está, usted está preparado. Si no lo está, entonces puede sorprenderse gratamente cuando lo hace mejor de lo que espera.

A continuación describo el comportamiento típico en diferentes etapas durante el período de ajuste. Tenga en cuenta que no todos los bebés se comportarán exactamente como se describe

Día 1

Las clasificaciones de comportamiento de alimentación (según la Tabla 13.2) son típicamente 1 y 2. El bebé estará aprensivo o temeroso de alimentarse en este momento. Las experiencias pasadas le han enseñado que va a ser presionada, y tan pronto como se da cuenta de que está a punto de ser alimentado, se pone tenso o se altera en anticipación.

Si es muy reacio a alimentarse, aceptará a regañadientes una comida solo cuando esté hambriento. Podrían pasar **muchas** horas antes de que llegue a ese punto. Él podría rechazar un número de comidas seguidas, posiblemente sOlo aceptando voluntariamente su oferta de una comida a media tarde o al final de la tarde.

Incluso, cuando finalmente acepte la botella, va a estar muy tenso y muy vigilante en la expectativa de ser presionado. Él come rápidamente, tomando solo lo suficiente para aliviar la incomodidad causada por los retortijones de hambre antes de detenerse abruptamente, momento en el cual se altera, porque espera presión. Si algo le molesta, podría dejar de chupar antes. Puede ser fácilmente desanimado por cualquier movimiento repentino de la persona que la alimenta, o por ruidos inesperados.

Su ingesta total de leche diaria estará en el punto más bajo de este proceso. (Nota: Un pequeño porcentaje del punto más bajo de los bebés es el día 2 o 3).

Entre comidas, probablemente estará irritable y le será difícil dormir y permanecer dormido debido al hambre. Sin embargo, a pesar de tener hambre, es probable que rechace múltiples ofertas para alimentarlo.

Al ver a su precioso bebé rechazando alimentos o tomando tan poco a pesar de tener hambre, sus niveles de ansiedad se dispararán. La necesidad de recurrir a sus métodos de alimentación anteriores, como la alimentación durante el sueño, la alimentación con cuchara o jeringa o la presión para que se alimente, será muy fuerte.

Día 2

Las calificaciones de comportamiento fluctúan entre 1 y 3. El setenta y cinco por ciento de los bebés muestran **signos sutiles** de mejoría en el segundo día. Es posible que su bebé rechace los alimentos matutinos, pero los acepta más temprano en el día y toma un poco más en el transcurso del día en comparación con el día 1.

Nota: En general, los alimentos matutinos mejoran en último lugar durante este proceso.

Veinticinco por ciento de los bebés continúan mostrando un comportamiento alimentario fuertemente opuesto en el Día 2. En este grupo, podría no haber signos visibles de mejoría, y la ingesta diaria total del bebé podría ser similar o posiblemente menor en comparación con el primer día.

De cualquier manera que vaya el bebé, es probable que esté de mal humor entre comidas y que tenga problemas para dormir.

Sus niveles de ansiedad permanecerán a un nivel muy alto a medida que lucha contra la necesidad de volver a los viejos hábitos para asegurarse de que coma.

Dia 3

Las calificaciones son mayormente 2 y 3. El recuerdo de haber sido presionado está comenzando a desvanecerse, y su bebé está lentamente comenzando a bajar la guardia. Pero aún se siente incómodo cuando le ofrecen comida.

Ya no grita cuando la colocan en posición de amamantar o cuando ve un biberón, pero aun así puede estar tenso y molesto. Está más dispuesto a tomar la botella cuando se la ofrecen, pero no cada vez que se la ofrecen. Es posible que rechace la primera o las dos primeras tomas del día, pero que acepte con cautela las ofertas para alimentarse en otros momentos.

Se va a sentir confundido cuando leas sus señales de alimentación. Actúa como si estuviera en conflicto entre querer y no querer alimentarse. Toma un poco de leche y empuja el pezón hacia afuera con la lengua o las manos, o gira la cabeza o se arquea hacia atrás para separarse. Apenas se le sale el pezón de la boca y lo quiere de vuelta. Si devolviera la botella, él podría tomar unos sorbos y escupirla de nuevo. (Vea el Capítulo 11 "¿Qué pasa si el bebé parece que lo quiere de nuevo?)

La cantidad de leche que toma el bebé varía considerablemente de un alimento a otro. Se alimenta mejor por la tarde y por la noche que por la mañana. Su ingesta total de leche diaria será un poco más alta que la del primer día.

No se asuste si la ingesta de su bebé no es mayor que el día 1. Un pequeño porcentaje de bebés tienen mejores resultados de los esperados en el día 1, y en estos casos la ingesta podría ser ligeramente inferior en el día 3. Si esto sucede, busque señales de mejoría en lo que respecta a su comportamiento alimentario para determinar si las cosas van por buen camino.

Ahora está presenciando señales de mejora y por lo tanto se siente un poco más esperanzado de que este proceso funcione. Pero la ansiedad anticipada, en la que usted se siente ansioso al pensar en alimentar a su bebé, sigue siendo alta.

Decidir si se debe proceder

El día 3 es el momento en que espero que **todos los bebés** demuestren que las cosas están empezando a cambiar. Es posible que algunos bebés, pero no todos, ya lo hayan hecho el día 2. En el día 3 tienes que decidir si continuar o parar.

- **Si hay señales de mejoría en el Día 3**, proceda con las recomendaciones de alimentación, y continúe comparando con mi descripción de comportamiento típico durante este proceso para confirmar que el progreso del bebé sigue su curso.
- **Si no hay signos de mejoría en el día 3,** por lo general es porque el bebé todavía está siendo presionado para que se alimente, pero puede haber otras razones. Véase el capítulo 14 para las posibles razones de la falta de progreso.

Días 4-7

Las calificaciones tienden a ser mayormente de 3, con algunas de 2 y 4. El bebé ha tenido muchos días de no ser presionado para alimentarse, pero aún no ha superado su aversión.

Ahora está aceptando voluntariamente una comida cuando **tiene hambre**. Puede que se moleste si le ofrecen el alimento antes de que esté listo para comer. Puede que a veces continúe mostrando un comportamiento de alimentación conflictivo, pero esto está disminuyendo.

El progreso ocurre en un patrón de dos pasos hacia adelante, uno hacia atrás, dos hacia adelante y uno hacia atrás. Los días de 'retroceso' pueden ocurrir en cualquier momento. El bebé está un poco más contento entre comidas y dormir puede haber mejorado. Si no ve un patrón general de mejora con el tiempo, lea el Capítulo 14.

Días "de retroceso"

Un día de retroceso significa que hoy el bebé no se alimenta tan bien como ayer. Cuando estos días ocurran - y ocurrirán - probablemente se sentirá alarmado. Se preocupará: "¿Está retrocediendo?""¿Estoy haciendo algo mal?""¿No está funcionando este proceso?""¿Podría haber una causa física no identificada?" Aunque la regresión del bebé podría deberse a cualquiera de estas razones, por lo general no lo es. Por lo general, los días de descanso se producen debido al cansancio. Cuando un bebé está cansado y hambriento, el cansancio tiende a ganar. Así que el bebé se fusiona más y se alimenta mal. En el caso de un día de retroceso debido al cansancio, las cosas suelen volver a la normalidad al día siguiente. Con menos frecuencia, el bebé puede tener dos días seguidos para dar un paso atrás.

Los días de retroceso también pueden ocurrir si el bebé se molesta por cualquier razón, como enfermedad, dentición o vacunas. Si estas razones son responsables, puede tomar más tiempo para que las cosas vuelvan a avanzar.

Días 8–14

La alimentación del bebé continúa mejorando. A medida que el recuerdo de haber sido presionado se desvanece, él se va relajando progresivamente mientras se alimenta, pero su receptividad a la alimentación fluctúa dependiendo de su estado de ánimo, nivel de hambre y cansancio. Los volúmenes de leche y los índices de comportamiento también fluctúan de un alimento a otro y día a día, pero en general tanto el volumen como la receptividad de alimentación van en la dirección deseada.

En algún momento de la segunda semana, el bebé toma voluntariamente buenos volúmenes **durante el transcurso del día**. Podría estar alimentándose con más frecuencia de lo que generalmente se considera típico para un bebé de su edad. El número de valores de 4 y 5 aumenta gradualmente en frecuencia. El progreso puede ser lento y algunos altibajos ocurrirán en relación con su comportamiento de ingesta y alimentación. Todavía pueden ocurrir días de 'retroceso'.

Si su bebé no se está alimentando tan bien como usted esperaba al cabo de dos semanas, lea los capítulos 14 y 15 para descubrir la causa.

Sin duda, usted ha tenido sus esperanzas en el pasado, así que será cautelosamente optimista al ver que la situación mejora. Puede tomar **muchas** semanas para que usted se sienta seguro de que su bebé no va a revertir repentinamente a su comportamiento de alimentación aversiva anterior, antes de que sus niveles de ansiedad disminuyan.

Signos de que el bebé ya no es averso

La ingesta de leche y el comportamiento de alimentación de su bebé le ayudarán a determinar cuándo ya no está en contra de la alimentación con biberón.

Ingesta de leche

Una vez superada su aversión, su bebé beberá voluntariamente buenos volúmenes -suficientes para un crecimiento saludable- a lo largo del día. Esta no será necesariamente la cantidad que usted piensa o le han dicho que necesita. Los profesionales de la salud a veces sobreestiman las necesidades de leche de un bebé. Es posible que tenga que ajustar sus expectativas. (Ver Capítulo 6).

Aunque su ingesta total de leche durante un período de 24 horas es buena, su patrón de alimentación podría no ser el que usted espera para un bebé de su edad. El Capítulo 15 explica por qué puede ocurrir esto y cómo mejorar su patrón de alimentación.

Comportamiento de alimentación

Usando la Tabla 13.2 para calificar su comportamiento alimentario, tiene calificaciones de comportamiento de 4 y 5 en su mayoría. Algo de irritabilidad y distracción durante la alimentación (calificación 4) es el comportamiento normal del bebé. Como no siempre es posible evitar el choque del hambre y el cansancio, ocasionalmente puede que se alimente de una manera que justifique una calificación de 3.

Si no está durmiendo lo suficiente en esta etapa, considere si necesita entrenamiento del sueño para cambiar las asociaciones negativas del sueño por otras positivas.

Si usted ha cesado temporalmente los sólidos, empiece a ofrecerlos de nuevo. (Vea el Capítulo 15 para recomendaciones sobre cómo reiniciar los sólidos).

A continuación analizamos las razones por las que este proceso podría no estar funcionando tan bien como se ha descrito.

14 ¡NO ESTÁ FUNCIONANDO!

Romper las reglas
No sigue las recomendaciones de alimentación
Razones físicas y sensoriales
Dónde encontrar apoyo

Todo lo que dices sobre alimentar a Carlos mientras está despierto y dejarle decidir cuánto come tiene sentido. Ayer traté de seguir tus reglas de alimentación, pero me sentí muy estresada cuando no quiso comer. Por la tarde lloraba mucho porque tenía hambre. Sabía que comería mientras dormía, así que lo alimenté mientras dormía la siesta. Lo mismo ha pasado hoy. Estoy desesperado por arreglar su aversión alimentaria, pero no creo que pueda hacer esto. - SOFIA

Para resolver la aversión a la alimentación conductual del bebé, los padres primero deben cambiar la manera en que manejan la alimentación de su bebé. Sin hacerlo, pueden continuar reforzando el comportamiento de alimentación evasiva del bebé. Sofia entendía por qué se esperaba que la ingesta de leche de Carlos disminuyera en los primeros días de seguir mis recomendaciones de alimentación, y por qué podría elegir pasar hambre en lugar de comer despierto. Pero emocionalmente, no podía soportar el aumento de la ansiedad que esto causaba. Para el día 2, ella volvió a su costumbre anterior de alimentar a Carlos mientras él dormía durante el día y la noche. En consecuencia, siguió rechazando el biberón mientras estaba despierto. Este no fue un caso de que mis recomendaciones de alimentación no funcionaran; Sofia simplemente sintió que no podía seguir las reglas.

Aunque mis **Cinco Pasos para el Éxito** son altamente efectivos para resolver las aversiones a la alimentación con biberón, no todos los bebés superan su aversión. Las razones de la falta de mejora encajan dentro de las siguientes categorías:

- Romper las reglas
- No seguir mis recomendaciones y
- Razones físicas o sensoriales.

Le recomiendo que lea este capítulo antes de hacer cualquier cambio en la forma en que actualmente maneja los alimentos de su bebé. Una advertencia previa de las razones por las que otros han tropezado podría ayudar a mejorar sus posibilidades de resolver con éxito la aversión alimentaria de su bebé.

Si mientras sigue mis reglas y recomendaciones de alimentación, la alimentación de su bebé no progresa como se describe en el Capítulo 13, regrese y vuelva a leer este capítulo.

Romper las reglas

Mis **Cinco Pasos para el Éxito** incluye cuatro **reglas** de alimentación y una serie de **recomendaciones** diseñadas para guiar a los padres a cambiar sus prácticas de alimentación infantil. Al seguir estos consejos, usted puede evitar reforzar accidentalmente el comportamiento de alimentación repugnante del bebé, motivarlo a querer comer y promover el disfrute del bebé con la alimentación con biberón.

> **REGLAS DE ORO DE LA ALIMENTACIÓN**
> 1. No presionar para alimentarse.
> 2. No alimentar mientras duerme.
> 3. Alimento solo con biberones.
> 4. Siga el ritmo del bebé.

Estas cuatro reglas de alimentación son **estrategias clave** para ayudar a un bebé a cambiar sus sentimientos y su deseo de alimentarse con biberón. El objetivo de estas estrategias es guiarlo desde el deseo de evitar el biberón y comer muy poco hasta el placer de comer y comer lo suficiente para un crecimiento saludable. **Con algunas excepciones**, las reglas deben ser seguidas.

La aversión de un bebé no se resuelve repentinamente porque los padres cambian el manejo de su alimentación. Se espera que la ingesta de leche disminuya en los primeros días de seguir mis recomendaciones de alimentación. En algunos casos, será una caída significativa. La ansiedad extrema que experimentan los padres cuando son testigos de esta caída es usualmente la razón por la cual los padres rompen estas reglas.

Romper la regla de "sin presión"

Si la presión es la causa de la aversión alimentaria de su bebé, la presión reforzará su aversión. Presionar a un bebé para que se alimente le recuerda que la alimentación es una experiencia desagradable o estresante, por lo que fortalecerá su determinación de evitar la alimentación.

No hay excepciones a la regla de "sin presión". Presionar a su bebé incluso una vez tiene el potencial de causar una recaída completa, lo que significaría empezar desde el primer día de nuevo.

Recuerde, hay varias formas de "presión". Si su bebé no está mostrando signos de progreso para el Día 3, confirme que usted no lo está presionando involuntariamente para que acepte alimentos o continúe comiendo.

Si la ansiedad extrema le impide seguir mi regla de alimentación "sin presión", considere permitir que otro de los cuidadores del bebé maneje todas sus comidas hasta que haya superado su aversión a la alimentación, y luego regrese a alimentarlo. También le recomiendo que considere hablar con su profesional de la salud sobre las maneras de controlar su ansiedad.

Romper la regla de "no alimentar mientras duerme"

Cuando se enfrentan a la realidad de cuidar de un bebé hambriento y llorón que se opone ferozmente a la alimentación, algunos padres recurren a alimentar a su bebé mientras duerme.

Aunque entiendo completamente por qué un padre desesperado preferiría alimentar a su bebé durante el sueño que luchar con él mientras está despierto, la alimentación durante el sueño solo proporciona una solución temporal para hacer que el bebé (y por lo tanto el padre) se sienta mejor en ese momento. No resuelve el problema que le está causando que no quiera comer mientras está despierto.

Diagrama 14.1: Ciclo de alimentación durante el sueño

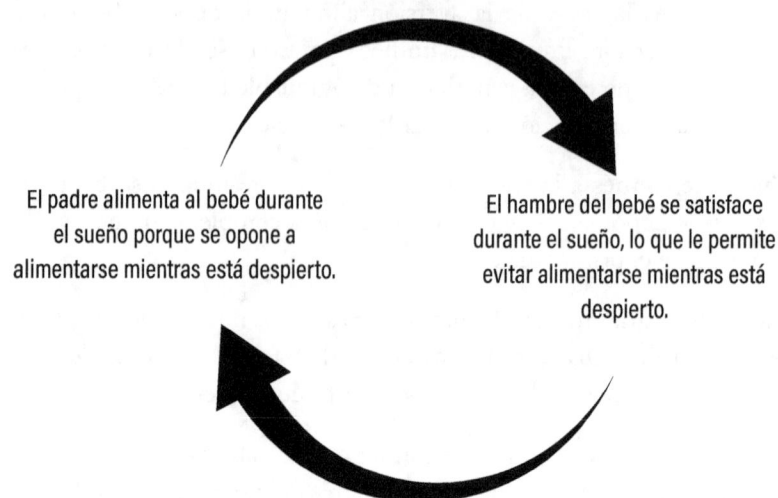

Una vez que comience a seguir mi plan de alimentación, si continúa dándole de comer durante el día, es probable que su bebé siga rechazando los alimentos mientras está despierto. Esto se debe a que es posible que no tenga la oportunidad de pasar hambre lo suficiente como para anular su oposición a alimentarse mientras está despierto. Y habrá menos oportunidades para que aprenda que ahora tiene el control de cuánto come y que nadie lo va a presionar. **La continuación de la alimentación durante el sueño retrasará o impedirá que supere su aversión a la alimentación con biberón.**

Mientras usted siga mi regla de "no dormir-alimentar", a veces verá a su bebé en un estado de cansancio y hambre. Va a ser difícil resistirse a un impulso casi abrumador de alimentarlo mientras se queda dormido o mientras duerme porque sabe que su pequeño cuerpo necesita comida y descanso. Pero le animo a que resista la tentación. Para proporcionar un mayor incentivo para mantener el rumbo, enumero a continuación las desventajas de la alimentación durante el sueño, muchas de las cuales usted ya conoce:

1. Refuerza indirectamente el hecho de que el bebé **no se alimente mientras está despierto**.
2. Es extremadamente **restrictivo** para la vida familiar.
3. No es **sostenible** a largo plazo.
4. Puede causar **privación de sueño** si el sueño del bebé es perturbado como resultado de tratar de alimentarlo.

5. Podría alterar los **ritmos naturales del cuerpo del bebé** si se alimenta más a menudo por la noche de lo que necesita según su etapa de desarrollo.
6. Se asocia con un mayor **riesgo de asfixia**.
7. Está relacionado con **la caries dental**.

Como puede ver, hay muchas buenas razones para parar.

La ventaja de la alimentación durante el sueño, es decir, no tener que luchar con su bebé para conseguir que se alimente, ya no se aplicará si sigue mis reglas de alimentación. No habrá batallas de alimentación si usted permite que su bebé decida si va a comer o no. Si decide no hacerlo, debe respetar su derecho a negarse y a retirar la botella. Siempre y cuando usted responda consistentemente en armonía con sus deseos (como lo demuestran sus señales de comportamiento), su voluntad de alimentarse mientras está despierto aumentará con el tiempo. Los pocos días de malestar por el hambre en las primeras etapas de la resolución de su aversión a la alimentación con biberón pasarán.

Si no puede resistir la tentación de alimentar a su bebé en un estado de somnolencia o mientras duerme durante el día, puede significar que no supera su aversión a la alimentación. Es posible que las soluciones de 'curitas' descritas en el Capítulo 4 le ayuden a mantener su crecimiento hasta que ya no necesite alimentarse con biberón. Pero tenga cuidado de no presionarlo para que coma alimentos sólidos porque esto podría causar que se vuelva reacio a comer sólidos también.

Aparte de la excepción de proporcionar alimentos para dormir por la noche para asegurar que su bebé reciba la ingesta mínima diaria de leche de 300 ml (10 onzas), lo ideal es que se respete la regla de "no dar de comer durante el sueño". A algunos padres les gusta continuar dándole a su bebé un alimento para dormir (a veces llamado alimento de ensueño) por la noche. Un alimento para dormir por la noche no suele impedir que el bebé supere su aversión, siempre y cuando todos los demás alimentos se ofrezcan mientras está despierto.

Romper la regla de 'solo biberón'

Si su bebé rechaza el biberón o no bebe tanto como usted espera que lo haga, será tentador intentar que tome la leche de otra manera, como una taza para sorber, una cuchara o una jeringa, o que le dé sólidos. Sin embargo, le sugiero que evite hacerlo. Tales medidas proporcionarán alivio temporal de una barriga hambrienta, pero no resolverán su aversión a la alimentación con biberón.

Al satisfacer su hambre utilizando estos medios, usted eliminará su principal motivación para aceptar la leche de un biberón y, al hacerlo, retrasará o impedirá que supere su aversión a la alimentación con biberón.

Alimentar a un bebé de esta manera generalmente no es sostenible a largo plazo. Los bebés en general no pueden soportar beber de una taza para sorber antes de los ocho meses de edad e incluso entonces, pocos bebés beberán volúmenes lo suficientemente grandes como para que sea el recipiente principal para la alimentación de la leche. Dar leche con una cuchara o jeringa implicará un proceso largo y tedioso que obstaculizará significativamente la vida familiar. Y los sólidos son un pobre sustituto de la leche para un bebé. Resolver la aversión de su bebé a la alimentación con biberón es la mejor solución.

Las excepciones a la regla de "solo botella" se aplican solo por la noche. Esto asegura que se satisfagan las necesidades básicas del bebé. (Ver Capítulo 10).

Romper la regla de 'seguir el ritmo del bebé'

Romper la regla de 'sin presión' significa que la regla de 'seguir el ritmo del bebé' también se rompe porque si está presionando a su bebé para que se alimente, no está siguiendo su ejemplo y no está respetando su derecho a decidir cuándo y cuánto comer. Pero un padre podría no seguir el ejemplo del bebé de otras maneras, por ejemplo:

- Acosar al bebé con ofertas repetidas cuando lo rechaza.
- Hacer que un bebé hambriento y angustiado espere demasiado tiempo para poder darle de comer, tratando de atenerse a los horarios de alimentación programados.
- Despertar al bebé para que se alimente porque ya es hora.

Entiendo que la regla de "seguir el ritmo del bebé" puede ser un reto porque un bebé puede no dar señales claras en las primeras etapas de resolver su aversión a la alimentación, un momento en el que todavía tendrá miedo de alimentarse.

No trate de seguir un horario de alimentación basado en el tiempo durante todo este proceso. Mientras que mi recomendación es ofrecer alimentos tres veces por hora o antes si el bebé muestra señales de hambre, durante las primeras etapas cuando su consumo es probable que sea bajo, si el bebé está durmiendo la siesta en ese momento, déjelo dormir. El sueño es tan importante para la salud del bebé como la comida.

Si usted ha descartado otras razones para la falta de progreso de su bebé descritas en este capítulo, grabe en video su alimentación y evalúe objetivamente su respuesta a sus señales de alimentación. Determine si usted está respondiendo en armonía con sus señales o de acuerdo a sus sentimientos de ansiedad. Pídale a su pareja, a un familiar o a un amigo que le dé su opinión honesta; ¿cree que usted se ofrece con demasiada frecuencia o que persiste demasiado tiempo para tratar de "animar" a su bebé a que acepte el biberón o a que continúe comiendo?

Excepciones a la regla de 'seguir el ritmo del bebé'

En algunas circunstancias, usted puede necesitar tomar la iniciativa o responder de una manera que no parece armonizar con los deseos del bebé. Por ejemplo: Es posible que necesite…

- Despertarlo durante la noche para ofrecerle leche o darle de comer durante el sueño para asegurarse de que alcance la cantidad mínima diaria
- Ceñirse a la recomendación de "dos ofertas por alimento" incluso si inmediatamente después de rechazar a su bebé sigue mostrando signos de hambre. Esto es para que no lo acose con ofertas repetidas cuando le está mostrando que no está dispuesto a comer.
- Retirar el biberón si muestra un comportamiento de alimentación conflictivo -aunque parece quererlo de nuevo inmediatamente después de rechazarlo- para evitar reforzar este comportamiento. (Explicado más adelante en la siguiente sección).
- Evitar que se duerma mientras se alimenta -aunque parezca que desea desesperadamente dormirse mientras chupa el biberón, como ocurre en el caso de la asociación entre la alimentación y el sueño- para resolver su aversión a la alimentación con biberón. (También se explica en la siguiente sección).

No se siguen las recomendaciones de alimentación

A lo largo de los capítulos de la Parte C, he hecho una serie de recomendaciones, que voy a enumerar aquí, además de algunos consejos adicionales.

Resumen de las recomendaciones de alimentación

- Asegúrese de que no haya problemas de succión, posicionamiento o flujo de aire antes de iniciar este proceso. (Ver Capítulo 2).
- No trate de poner el biberón en la boca del bebé sin su permiso.
- Retire rápidamente el biberón de la línea de visión del bebé a la primera señal de rechazo.
- No se quede con el biberón frente a la cara del bebé si lo rechaza. Esto puede atormentar a un bebé que es aprensivo o temeroso de alimentarse.
- Ofrezca solo dos veces por alimento. Si su bebé rechaza constantemente la segunda oferta, ofrézcale solo una vez.
- Evite las tácticas que impliquen coerción, engatusar o engañar al bebé para que coma o para que continúe comiendo cuando quiera dejar de hacerlo. (Vea el Capítulo 3 para ver ejemplos).
- No agregue medicamentos de sabor amargo al biberón del bebé.
- Desaliente una asociación entre la alimentación-sueño, en la que el bebé depende de la alimentación como una forma de quedarse dormido.
- Desaliente el comportamiento conflictivo de alimentación quitando el biberón cuando el bebé se aleje. Haga una pausa o termine la alimentación.
- Evite situaciones que puedan estresar al bebé.
- Alimente al bebé en un ambiente tranquilo mientras muestra signos de tensión mientras lo alimenta.
- Limite el número de personas que alimentan al bebé, idealmente a una persona.
- Planee estar en casa durante los primeros tres días para apoyar el sueño del bebé, ya que este será el momento en que probablemente sienta hambre y, sin embargo, rechace los alimentos y, por lo tanto, tenga dificultades para dormir.
- Intente que todos los alimentos se ofrezcan en casa durante el período de ajuste.
- Trate de mantener una hora regular para que el bebé se despierte por las mañanas para ayudar a estabilizar su reloj corporal interno

Estas no son reglas que deben cumplirse, sino más bien sugerencias para hacer que la alimentación sea más fácil o más aceptable para el bebé durante el período de adaptación.

Es posible que sienta que estas recomendaciones no son necesarias o que no encajan bien en las circunstancias de su familia; por ejemplo, otras personas podrían necesitar alimentar a su bebé mientras usted trabaja

Usted puede encontrar que puede desviarse de estas recomendaciones y aun así ser testigo de una mejoría en el comportamiento de alimentación aversivo de su bebé. Sin embargo, si las cosas no van bien, le animo a que reconsidere cualquier recomendación que no esté siguiendo actualmente.

Aunque todas estas recomendaciones pueden ayudar a mejorar las posibilidades de que el bebé supere su aversión a la alimentación, hay dos recomendaciones que, si no se siguen, es más probable que inhiban el progreso. Estos son: desalentar el comportamiento de alimentación conflictiva y una asociación entre la alimentación y el sueño. Las respuestas que recomiendo en estas circunstancias son excepciones a la regla de "seguir el ritmo del bebé". Explico las razones a continuación.

Desalentar el comportamiento de alimentación conflictivo

Lloró cuando le quité el biberón. Se siente tan mal hacer esto cuando él lo quiere. Bebe más si sigo devolviéndoselo. - CARLA

El comportamiento alimentario conflictivo es cuando el bebé toma unos cuantos sorbos, se separa **de una manera tensa**, regresa, quiere el biberón, toma unos sorbos, se separa, regresa, quiere el biberón y así sucesivamente. Mi recomendación es que se quite el biberón cuando el bebé se dé la vuelta, y que se tome un descanso o termine la alimentación para no reforzar este comportamiento. (Ver "Qué pasa si el bebé parece que lo quiere de nuevo" en el Capítulo 11 para más información).

La mayoría de los padres encuentran esto difícil de hacer. Y es comprensible que así sea. No se siente bien quitar el biberón cuando el bebé indica que lo quiere de vuelta. Por lo tanto, algunos padres ignoran mi recomendación de quitar el biberón y en su lugar continúan ofreciendo el biberón cada vez que el bebé regresa después de haber roto. Pero luego descubren que su bebé continúa alimentándose de una manera conflictiva e inestable mucho más allá del tiempo estimado para que se resuelva su aversión a la alimentación.

Aunque **puede** que esté bien seguir devolviendo la botella, **puede que no**. Si la conducta de alimentación conflictiva de su bebé no ha sido reforzada, debe desvanecerse durante los primeros días y desaparecer alrededor del día 5, si no antes. Si su bebé continúa mostrando un comportamiento fuertemente conflictivo en el día 6 y después, esto puede indicar que este comportamiento de alimentación desarticulado ha sido reforzado.

Si usted ha reforzado accidentalmente el comportamiento conflictivo de alimentación de su bebé y ahora decide corregir esta situación siguiendo mi recomendación de quitarle el biberón cuando se da la vuelta por primera vez, espere que esto cause una caída en su ingesta de leche a corto plazo. También puede significar que toma más tiempo que el período estimado de dos semanas para que él supere su aversión si usted no lo ha estado haciendo desde el Día 1.

Desaliente una asociación entre la alimentación-sueño

Otra razón por la que los padres podrían no presenciar signos de mejoría es si no siguen mi recomendación de desalentar la asociación entre la alimentación y el sueño de su bebé. (Las asociaciones del sueño se explican en el Capítulo 12). La razón por la que algunos padres no siguen estas recomendaciones es porque su bebé no sabe cómo quedarse dormido sin alimentarse para dormir. Y no quieren molestar al bebé impidiéndole que lo haga.

Cuando un bebé aprende a confiar en la alimentación **como una forma de dormirse**, esto significa que parecerá hambriento y querrá chupar el biberón cuando esté cansado. Sin embargo, si se le permite quedarse dormido mientras chupa el biberón, entonces no va a ser posible seguir la regla de "no dormir para alimentarse". Como ya se ha explicado, si se alimenta en un estado de sueño o somnolencia, esto puede retrasar o impedir que supere su aversión a la alimentación. Así que nada puede cambiar.

Desalentar una asociación entre la alimentación y el sueño implica más que seguir la regla de "no comer durante el sueño". El objetivo de evitar que su bebé se duerma mientras le da el biberón es cambiar su dependencia de la alimentación como una forma de dormirse. Él puede aprender a dormirse de una nueva manera con su guía y apoyo. (Vea el Capítulo 12 para más información).

Razones físicas y sensoriales

A veces los padres siguen **todas** mis reglas y recomendaciones de alimentación y su bebé no progresa como se esperaba. Algunas de las razones para esto incluyen:

- Problemas físicos.
- Bebé muy sensible.
- Problemas mayores o menores de succión (descritos en el Capítulo 2).
- Trastorno de procesamiento sensorial.
- Problemas físicos

Cualquier problema físico -ya sea una enfermedad, una afección médica o un trastorno- que pueda causar pérdida de apetito, incomodidad o dolor, podría impedir el progreso del bebé. El Capítulo 4 describe las razones médicas por las que los bebés son reacios a alimentarse, como el reflujo ácido, la alergia a la leche o la intolerancia. El potencial de estos problemas necesita ser evaluado, y si es necesario, tratado, antes de usar mis **Cinco Pasos para el Éxito**.

Durante las dos semanas que tarda un bebé en superar su aversión a la alimentación siguiendo mis reglas y recomendaciones de alimentación, puede experimentar una enfermedad o problema físico que inhibe su progreso o causa un pequeño o gran revés. Por ejemplo, la dentición, el estreñimiento, enfermedades infecciosas como una infección respiratoria, gastrointestinal o del tracto urinario, una reacción adversa a las vacunas o debido a los efectos secundarios de los medicamentos.

Si usted sospecha que su bebé tiene problemas con la dentición o el estreñimiento, estos problemas generalmente se pueden tratar rápidamente con solo un contratiempo menor y usted puede continuar siguiendo mis reglas y recomendaciones de alimentación.

Sin embargo, si está preocupada por una enfermedad o un problema físico más grave, pídale a un médico que examine a su bebé. Si su bebé está enfermo o tiene un problema que puede causar dolor o pérdida de apetito, vuelva a sus prácticas de alimentación anteriores - con **la excepción** de molestar a su bebé tratando de presionarlo para que se alimente - y espere hasta que el problema sea tratado o resuelto antes de intentarlo de nuevo.

Bebé muy sensible

Alrededor del cinco por ciento de los bebés que son reacios a alimentarse son muy sensibles a la presión. Estos bebés no responden bien a que se les ofrezca más de una vez por alimento, o a que el padre se quede demasiado tiempo con el biberón a la vista del bebé, o a que se les sostenga en una posición de alimentación después de que rechace el biberón.

Mi teoría es que ser ofrecido más de una vez podría ser percibido por un bebé sensible como una presión, aunque el padre o la madre simplemente esté ofreciendo una segunda vez. Y que al permanecer con el biberón dentro de la línea de visión del bebé o mantenerlo en posición de alimentación después de que lo rechaza, puede hacer que se sienta amenazado de que se le obligue a comer utilizando tácticas de presión -como en el pasado- aunque el padre o la madre no tenga la intención de hacerlo.

Para resolver la aversión alimentaria de un bebé altamente sensible, el padre necesita ofrecer una sola vez en cada comida. Y rápidamente quite el biberón de la vista del bebé y retírelo de su posición de alimentación al más mínimo indicio de rechazo.

Trastorno del procesamiento sensorial

Un trastorno de procesamiento sensorial es **una de las causas menos probables** de aversión a la alimentación. Pero es una causa. Un trastorno del procesamiento sensorial significa que el estímulo que causa el comportamiento de alimentación repugnante del bebé podría ser la sensación, el sabor o las sensaciones asociadas con la alimentación. Si este es el caso, el comportamiento de alimentación aversivo del bebé puede continuar siendo reforzado a pesar de que los padres sigan mis reglas y recomendaciones de alimentación.

Con base en el comportamiento de alimentación solamente, es virtualmente imposible para un profesional de la salud diferenciar entre la angustia infantil que ocurre en respuesta a una aversión alimentaria inducida por la presión y la angustia debida a un problema de procesamiento sensorial. Por lo tanto, es imperativo eliminar **la causa más probable** -la presión- antes de asumir que el comportamiento aversivo del bebé ocurre como resultado de **la causa menos probable**: un trastorno de procesamiento sensorial.

Recuerde, puede tomar semanas para que un bebé se recupere de una aversión alimentaria relacionada con la presión después de que se haya eliminado **toda** la presión, sutil y obvia. Además, como ya ha aprendido al leer este libro, la resolución exitosa de la aversión a la alimentación de un bebé generalmente requiere mucho más que aconsejar de manera simplista a los padres que eliminen la presión.

Si está seguro de que ha seguido mis **Cinco Pasos para el Éxito** - todas las reglas y recomendaciones - y no ha sido testigo de ninguna indicación de mejoría para el Día 3, consulte con el médico del bebé para descartar primero las causas físicas y ver si es necesaria una evaluación adicional del trastorno de procesamiento sensorial.

Dónde encontrar apoyo

Si su bebé no está progresando debido a problemas físicos imprevistos o si usted está luchando debido a la ansiedad extrema, el primer paso es ver al **médico del bebé** para evaluar si tiene un problema físico que requiere tratamiento. Si usted está luchando debido a la ansiedad extrema, su médico puede recomendarle un servicio de asesoría para ayudarle a sobrellevar la situación.

Si su bebé está bien, considere una evaluación y apoyo continuo a lo largo de este proceso por parte de un profesional con experiencia en aversiones a la alimentación del bebé a través de mi sitio web de Consejos para el Cuidado del Bebé, www.babycareadvice.com

En el siguiente capítulo veremos la vida después de que se resuelva la aversión alimentaria de su bebé.

15 LA VIDA DESPUÉS DE LA AVERSIÓN DEL BEBÉ

> La alimentación del bebé es mejor, pero no tan buena
> El bebé solo se alimenta bien para un cuidador
> El bebé no está bebiendo tanto como se esperaba
> El bebé no está ganando tanto como se esperaba
> Prevención de recaídas
> Cuándo reiniciar los sólidos
> Prevenir y resolver la aversión a los sólidos

No estoy seguro de si Clara está por encima de su aversión o no. Parece que ahora le gusta comer. Está emocionada por ver el biberón, pero solo toma de 2 a 3 onzas (60-90 ml) antes de empujar tranquilamente el pezón hacia afuera como si dijera: 'Ya he terminado'. Luego quiere volver a alimentarse una o dos horas más tarde. Así que está comiendo unos 10 alimentos al día. ¿Eso es normal? Pensé que ya estaría comiendo cantidades mayores. – KEILA

Le pregunto a Keila cuánta leche bebe Clara en total cada día. Es una buena cantidad para un bebé de su edad y tamaño. Keila califica el comportamiento alimenticio de Clara como 5 de 5. Parece que ha superado su aversión a la alimentación, lo que significa que Keila puede mirar más allá de este tema para encontrar otras formas de mejorar el patrón de alimentación frecuente de Clara.

Los padres están extáticos cuando ven a su bebé disfrutando de la alimentación con biberón. Se les ha quitado un **gran peso** de los hombros. El estrés constante de tratar de hacer que su bebé coma ya no existe y sienten que finalmente pueden disfrutar de su bebé. Pero no es sol y rosas para todas las familias. Algunos padres tienen más trabajo por delante para mejorar los patrones de alimentación de su bebé, o arreglar un problema de sueño, o resolver la aversión del bebé a comer alimentos sólidos.

Otros padres podrían preocuparse de que su bebé no esté comiendo lo suficiente o de que no esté aumentando tanto peso como ellos esperan. Por lo general, el problema radica en sus expectativas más que en que se trata de un problema real. Sin embargo, un bebé podría estar por encima de su aversión a la alimentación con biberón y no comer lo suficiente. En este capítulo se describen otras razones por las que un bebé puede no comer tanto como necesita.

Si las cosas no son tan buenas como podrían ser después de que se resuelva la aversión alimentaria de su bebé, puede haber pasos adicionales que usted puede tomar para apoyarla a alimentarse mejor y lograr su potencial de crecimiento.

Preocupaciones

Algunos padres tienen preguntas o preocupaciones después de que el bebé se recupera de su aversión a alimentarlo con biberón. Estos son los más comunes:

1. El bebé se está alimentando mejor, pero no muy bien.
2. El bebé solo se alimenta bien para uno de sus padres.
3. El bebé no está bebiendo tanto como se esperaba.
4. El bebé no está aumentando tanto peso como se esperaba.
5. ¿Cómo puedo prevenir una recaída?
6. ¿Cuándo y cómo recomenzar los sólidos?
7. ¿Cómo resuelvo la aversión del bebé a comer sólidos?

Si usted tiene alguna de estas preguntas o preocupaciones, por favor lea este capítulo entero porque a menudo hay una conexión entre las causas. Si no tiene ninguna preocupación, le sugiero que lo lea de todos modos. ¿Quién sabe cuándo podrían presentarse tales preocupaciones? El conocimiento previo podría evitarle a usted y a su bebé una angustia innecesaria.

La alimentación del bebé es mejor, pero no es buena

La aversión no es la única razón por la que un bebé se queja mientras se alimenta. Por lo tanto, resolver la aversión de su bebé a alimentarse con biberón no garantiza que vaya a alimentarse como un campeón. O que su patrón de alimentación será ideal para un bebé de su edad.

Como cualquier otro problema, la solución debe abordar la causa. Los siguientes problemas pueden tener un impacto negativo en los patrones de alimentación del bebé y en su satisfacción mientras se alimenta:

- problema de sueño
- alimentación con aperitivos
- alimentación nocturna excesiva.

Problemas de sueño

Los patrones de sueño de un bebé influyen en sus patrones de alimentación. Si el sueño de su bebé se interrumpe con frecuencia -se despierta demasiado pronto y aún está cansado y gruñón- debido a un problema subyacente de sueño, es posible que quiera alimentarse con más frecuencia. Si no duerme lo suficiente, podría ponerse de mal humor debido a la falta de sueño. La privación de sueño reducirá su tolerancia a la frustración mientras se alimenta. Puede que no esté dispuesto a comer cuando se le ofrece el alimento porque está demasiado cansado, pero al mismo tiempo le resulta difícil quedarse dormido porque todavía tiene hambre.

Prevenir el choque del hambre y el cansancio, resolviendo cualquier problema subyacente de sueño, va a ser mucho más eficaz que tratar de conseguir que un bebé cansado coma y un bebé hambriento se duerma.

Si los problemas de sueño de su bebé se deben a un problema de asociación con el sueño, es posible que la situación actual no mejore a menos que usted tome medidas para mejorar su sueño. (Vea el Capítulo 12 para recomendaciones).

Alimentación con bocadillos

Si la **ingesta diaria total** y el comportamiento de alimentación de su bebé son buenos (en su mayoría 4 y 5 según la Tabla 13.2 del Capítulo 13), pero se está alimentando con más frecuencia de lo que usted esperaría para su edad, es posible que haya desarrollado un patrón de alimentación a base de meriendas (es decir, tomar alimentos pequeños con frecuencia). Una razón podría ser un problema de sueño subyacente que causa la interrupción del sueño. Otra es que la alimentación con bocadillos puede ocurrir por costumbre - la suya o la del bebé.

La merienda puede convertirse en un patrón cíclico. Cuanto más frecuentemente le ofrezca a su bebé un alimento, menos tendrá que tomar, y cuanto menos tome, más a menudo querrá alimentarse.

Diagrama 15.1: Ciclo de alimentación con bocadillos

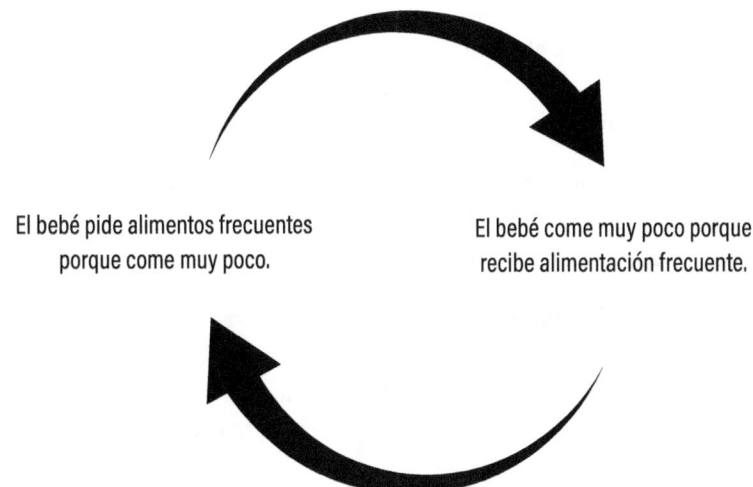

El bebé pide alimentos frecuentes porque come muy poco.

El bebé come muy poco porque recibe alimentación frecuente.

La alimentación con bocadillos no le hará daño a su bebé, pero puede significar que se está alimentando con **más frecuencia** de la que realmente necesita. Si usted está contento de continuar, no necesita hacer nada diferente. Pero no espere que beba grandes cantidades por alimento. Los patrones de alimentación de los bebés, como su comportamiento, se ven reforzados por las acciones que toman los padres. Si desea que su bebé tome volúmenes más grandes con menos frecuencia, es posible que tenga que guiarlo hacia este objetivo. Pruebe los siguientes pasos:

Paso 1: Compruebe que tiene expectativas realistas sobre el número de tomas que son razonables para un bebé de su edad.

Tabla 15.1: Número promedio de biberones por edad

Edad	Período de 24 hrs
Nacimiento-1 mes	6-8
1-3 meses	6
3-6 meses	5
6-9 meses	4
9-12 meses	3

Algunos bebés se alimentan con más o menos frecuencia. Es posible que sea necesario darle más alimentos si su bebé tiene que alcanzar un crecimiento que le permita ponerse al día. Use estas figuras como una guía general, pero no trate de hacer que se apegue a un número determinado de fuentes. Recuerde, la crianza efectiva se trata de apoyo y no de control.

Paso 2: Resuelva cualquier problema de sueño que el bebé pueda tener. Esto puede permitirle dormir más tiempo, y al hacerlo, naturalmente extender el tiempo entre comidas, resultando en mayores volúmenes en cada comida.

Paso 3: **Estire gradualmente** el tiempo entre sus comidas a intervalos que oscilan entre tres y cuatro horas, dependiendo de su edad. Empiece retrasando el tiempo que le ofrece un alimento en incrementos de 15 minutos y entreténgalo mientras espera. Pero no trate de estirar el tiempo si **él** se molesta y no puede calmarse.

Alimentación nocturna excesiva

La alimentación nocturna excesiva se refiere a una situación en la que el bebé se alimenta con más frecuencia de la necesaria en su etapa de desarrollo. Por la noche, me refiero a un período de 12 horas, por ejemplo de siete de la tarde a siete de la mañana. **Durante** la noche, es decir, el número de veces que el bebé se despierta para ser alimentado o se le ofrece dormir **después** de haberse acomodado para la noche, y sin contar el alimento antes de acostarse.

El hecho de que un bebé se alimente o no excesivamente **durante** la noche dependerá de la frecuencia con la que se despierte para alimentarse o de que se alimente mientras duerme. En la tabla 15.2 se indica el número medio de tomas nocturnas por edad.

Cuadro 15.2: Número promedio de alimentaciones nocturnas por edad

Edad	Número de comidas DURANTE la noche
Nacimiento-3 meses	2
3-6 meses	1
6+ meses	0

Por supuesto, los individuos difieren por varias razones. Una aversión a la alimentación puede hacer que algunos bebés aumenten de peso de manera deficiente. Es posible que su bebé necesite alimentarse con más frecuencia si tiene un crecimiento que le permita ponerse al día una vez que se resuelva su aversión.

Si la ingesta diaria total de su bebé es buena, y la mayoría de las veces está disfrutando de la alimentación mientras está despierto, pero no parece tener hambre o interés en alimentarse por las mañanas, esto podría indicar que se está alimentando con más frecuencia de la que necesita durante la noche

Se puede desarrollar un patrón de alimentación excesiva durante la noche **antes o mientras** se resuelve la aversión alimentaria del bebé. Usted podría haber recurrido previamente a alimentar a su bebé con leche varias veces durante la noche para tratar de aumentar su ingesta diaria de leche. O antes o durante el proceso de resolver su aversión a la alimentación, podría haberse despertado para exigir alimentos adicionales por la noche porque su ingesta de leche durante el día era baja. Después de resolver su aversión a la alimentación, el patrón de alimentación a menudo en la noche podría continuar porque el patrón de alimentación nocturna frecuente ha causado que sus ritmos circadianos (reloj corporal interno de 24 horas) estén fuera de sincronía con un patrón de alimentación día-noche normal.

Efectos

Nuestros ritmos circadianos influyen en el apetito a través de la liberación de hormonas como la leptina, que suprime el apetito, y la grelina, que estimula el apetito. La razón por la que no comemos por la noche es porque nuestro apetito es suprimido debido a los efectos de la leptina. A medida que los bebés maduran, pasan más tiempo en la noche sin comer porque la leptina se libera durante más tiempo. Desde una perspectiva de desarrollo, los ritmos circadianos de la mayoría de los bebés han madurado lo suficiente como para permitirles pasar alrededor de ocho horas en la noche sin comer a los tres meses, y de 10 a 12 horas a los seis meses de edad.

Cuando un bebé se alimenta por la noche con más frecuencia de la necesaria según su etapa de desarrollo, esto puede causar un cambio en la liberación de hormonas. El período de reducción del apetito que idealmente ocurriría en la noche es empujado hacia la mañana. Y como resultado, rechaza o come muy poco por las mañanas, no pareciendo hambrienta hasta el final de la mañana o al principio de la tarde, sino que come bien después de ese tiempo.

Se puede establecer un patrón cíclico. Cuanto más coma por la noche, menos tendrá que comer al día siguiente; cuanto menos coma durante el día, más probable será que se despierte para pedir alimentos por la noche para compensar cualquier falta de alimento.

Diagrama 15.2: Patrón de alimentación de ciclo inverso día-noche

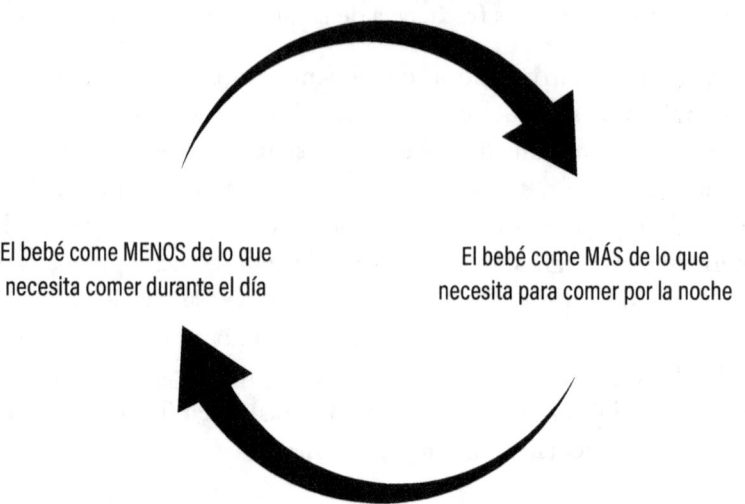

El bebé come MENOS de lo que necesita comer durante el día

El bebé come MÁS de lo que necesita para comer por la noche

Este ciclo no necesariamente cambiará en el corto plazo a menos que usted promueva un cambio en su patrón de alimentación día-noche. Los siguientes pasos podrían animarlo a comer más durante el día y con menos frecuencia durante la noche.

Paso 1: Si aún no lo ha hecho, deje de alimentarlo durante la noche. Alimentar a un bebé durante el sueño fomentará la alimentación nocturna que podría no necesitar. Solo ofrézcale comida por la noche si se despierta para exigirla.

Paso 2: Asegúrese de que su bebé no dependa de asociaciones negativas de sueño (vea el Capítulo 12), ya que éstas aumentarán la probabilidad de que se despierte en la noche. Usted podría entonces asumir que se está despertando debido al hambre cuando en realidad se está despertando naturalmente entre los ciclos de sueño como todos lo hacemos a veces durante la noche, y luego está llorando porque ha aprendido a depender de su ayuda o de ciertos accesorios para dormir. En particular, evite que se duerma mientras le da el biberón tanto de día como de noche. Aunque depende de la alimentación como una forma de dormirse, es probable que quiera alimentarse en la noche para volver a dormir.

Paso 3: Reduzca gradualmente la cantidad de leche que le ofrece a su bebé por la noche y elimine las alimentaciones nocturnas adicionales de una en una. No trate de ir por debajo del número promedio de alimentos nocturnos para la edad. Como resultado de la eliminación de los alimentos nocturnos adicionales, comenzará a tener más hambre y a comer más por las mañanas. Pero no espere una correlación directa entre la cantidad reducida en la noche y la cantidad incrementada al día siguiente. Puede tardar unos días en adaptarse a sus ritmos circadianos.

El bebé solo se alimenta bien para un solo padre

Cuando uno de los padres proporciona todo o la mayoría de los alimentos para apoyar al bebé a través del proceso de resolver su aversión a la alimentación, el bebé aprende que este padre proporcionará una respuesta apropiada a sus señales de alimentación. A medida que el padre recupera su confianza, comienza a relajarse y a disfrutar de la alimentación cuando este padre le da de comer. Si no está tan dispuesto a alimentarse de su otro padre o cuidador, es posible que aún no haya tenido suficientes oportunidades para aprender a confiar en que los demás responderán a sus indicaciones, por lo que se muestra aprensivo cuando los demás le dan de comer.

Si usted considera que este es el caso, elija un momento en el que el otro padre o cuidador pueda proporcionar **todos los alimentos** durante un número de días consecutivos. Espere alguna resistencia por parte del bebé inicialmente. Es posible que rechace algunos alimentos y que su ingesta de leche disminuya a corto plazo. Básicamente, significa pasar por este proceso de nuevo con el otro padre u otro cuidador. Sin embargo, se dará la vuelta antes, normalmente en un par de días, a medida que vaya ganando confianza en que los demás también responderán de acuerdo a sus indicaciones. Eso es siempre y cuando usted (o su cuidador principal si no es usted) evite la tentación de intervenir y tomar el control cuando ella se resista a las alimentaciones ofrecidas por otros.

Si usted sigue tomando el control porque sabe que él está más dispuesto a alimentarse cuando usted se lo ofrece, probablemente le tomará más tiempo sentirse seguro de que el otro padre o cuidador va a responder a sus señales de alimentación. También puede aprender que si se muerde o se niega a comer de los demás, usted le dará de comer. Si esto es problemático o no depende de las circunstancias de su familia.

El bebé no está bebiendo tanto como se esperaba

Una vez que se resuelva la aversión alimentaria de su bebé, es posible que no beba tanto como usted espera. En este caso recomiendo los siguientes pasos:

Paso 1: Compruebe si el bebé muestra signos de enfermedad. Si es así, pídale que la evalúe médicamente.

Paso 2: Compruebe que ha superado su aversión a la alimentación. (Vea el Capítulo 13 para las señales).

Paso 3: Compruebe si muestra signos de estar bien alimentado. (Ver Capítulo 6).

Paso 4: Si **está bien alimentado,** verifique sus expectativas. (Vea el Capítulo 6). Tal vez esté esperando que beba más de lo que necesita o que su proveedor de atención médica haya sobrestimado sus necesidades de leche. Considere también si pudiera estar pasando por un período de crecimiento de "reducción de capturas", en cuyo caso podría no necesitar la cantidad estimada utilizando cálculos estándar basados en la edad y el peso. (Véase el Capítulo 7 para más información sobre el crecimiento a la baja).

Paso 5: **Si no parece estar bien alimentada**, pero está físicamente bien, descarte las razones comunes de la desnutrición, como la privación del sueño, los problemas de equipo y los horarios rígidos de alimentación. También considere la posibilidad de otras causas como la dentición, el cambio de rutina, el estrés (p. ej., comenzar la guardería, un nuevo cuidador, vacunas) y la excitación (p. ej., visitas en la casa y viajes). Si todavía está preocupada, haga que evalúen al bebé médicamente.

A veces usted puede identificar la razón por la cual el bebé no está bebiendo tanto como se esperaba y remediar la situación, y a veces usted no puede. En la mayoría de los casos, la causa pasará en unos pocos días.

A veces el apetito de su bebé puede disminuir, tal vez debido a las razones mencionadas o a una meseta en el crecimiento (vea el Capítulo 7), y tomará menos leche de la que usted espera. Otras veces él comerá más de lo que usted espera. Si usted confía en su capacidad innata de autorregular su ingesta alimenticia, se equilibrará. Así que, por favor, manténgase paciente, siga su ejemplo y vea lo que sucede con sus aumentos de peso y patrones de crecimiento en las próximas semanas.

Cualquiera que sea la causa, evite presionarlo para que se alimente, ya que esto probablemente reavivará su aversión a la alimentación y empeorará la situación.

El bebé no está subiendo tanto peso como se esperaba

No olvide que se espera que un bebé pierda un poco de peso durante el proceso de resolver su aversión alimentaria. Y puede que no lo recupere en una o dos semanas, siempre y cuando su aversión a la alimentación se haya resuelto para entonces.

Típicamente, cuando un bebé no está aumentando como se esperaba después de resolver su aversión a la alimentación, el problema radica en las expectativas. Es normal que el aumento de peso fluctúe de una semana a otra, y que el peso de un bebé varíe entre las curvas de percentil en una tabla de crecimiento infantil.

Si después de resolver la aversión alimentaria de su bebé **no gana** tanto como usted o su proveedor de atención médica espera, **evite hacer suposiciones** sobre la causa. Alterar la forma en que usted maneja sus alimentos o hacer cambios en su dieta sin entender completamente la causa solo sirve para complicar la situación.

Si su bebé no está creciendo como se esperaba, le recomiendo lo siguiente:

Paso 1: Busque señales que muestren si su bebé está bien alimentado. (Ver Capítulo 6).
- Si muestra signos de ser un bebé bien alimentado, probablemente no haya nada de qué preocuparse. En este caso, ver variaciones normales de crecimiento en el Capítulo 7.
- Si no muestra signos de estar bien alimentado, es posible que no esté por encima de su aversión a la alimentación o que esté subalimentado por otras razones. (Ver Capítulo 5).

Paso 2: Si todavía está preocupado, haga que lo evalúen médicamente.

Prevención de recaídas

Ahora que ha resuelto la aversión alimentaria de su bebé, no significa que pueda volver a presionarlo para que tome más de lo que está dispuesto a comer. Usted debe atenerse a su papel al alimentarlo, es decir, ofrecerle alimentos ya sea a pedido o a intervalos apropiados para su etapa de desarrollo si es un bebé no exigente, y respetar su derecho a decidir si aceptará su oferta y cuánto comerá. Si volviera a presionarla, incluso de manera suave, existe un alto riesgo de que recaiga y vuelva a ser reacio a la alimentación con biberón.

Una recaída completa puede ocurrir después de haber sido presionado solo una vez. Y podría tomar otras dos semanas más o menos para recuperar su confianza y resolver el problema por segunda vez. Así que tratar de hacer que beba esa onza extra (30 ml) que queda en la botella no vale la pena.

Sólidos

Es posible que tenga varias preguntas sobre los sólidos en este momento. Por ejemplo:

- ¿Cuándo puedo hacer que el bebé vuelva a tener sólidos?
- ¿Cómo puedo evitar que el bebé se vuelva reacio a comer sólidos?
- ¿Cómo resuelvo la aversión del bebé a comer sólidos?

Cuando reiniciar los sólidos

Una vez que se resuelva la aversión de su bebé a alimentarse con biberón, será el momento de volver a ofrecerle alimentos sólidos, si estaba comiendo sólidos anteriormente. De lo contrario, espere hasta que tenga la edad suficiente para comer sólidos, por lo general entre los cuatro y los seis meses de edad. El proveedor de atención médica del bebé lo guiará.

Para asegurarse de que la alimentación con biberón no se salga del horno debido a los sólidos, le recomiendo que tome las cosas con calma para encontrar el equilibrio adecuado. Inicialmente ofrézcale los sólidos alrededor de 20 a 30 minutos después de alimentarlo con biberón. Comience con una comida, esté atento a cualquier impacto en su consumo de leche, si no hay una caída significativa, ofrézcale dos veces al día siguiente. Monitorear el impacto de dos comidas, luego ofrecer tres, y así sucesivamente.

Espere una disminución en el consumo de leche como resultado de las calorías recibidas de los sólidos. El tamaño de esta caída dependerá del contenido calórico de los alimentos y de la cantidad que ingiera. Una vez que se sienta seguro de que los sólidos no están teniendo un efecto indeseable en su aceptación de los alimentos con biberón o una caída dramática en la ingesta de leche, entonces decida si desea continuar ofreciendo sólidos después de los alimentos con biberón o invertir el orden. Mi recomendación es leche primero hasta los nueve meses de edad y luego decidir qué orden funciona mejor para que su bebé mantenga un equilibrio saludable entre la leche y los sólidos.

Prevenir y resolver una aversión

Los bebés pueden volverse reacios a comer sólidos por muchas de las mismas razones por las que se vuelven reacios a alimentarse con biberón. La razón número uno es porque están presionados para comer. Su bebé ya ha demostrado que no le gusta que lo presionen para que se alimente con biberón. Así que hay una buena posibilidad de que desarrolle una aversión a los sólidos si trata de hacerlo comer en contra de su voluntad.

Usted tiene las mismas responsabilidades cuando alimenta a su bebé con alimentos sólidos que cuando lo hace con biberón. Usted es responsable de ofrecerle alimentos nutritivos a intervalos regulares apropiados para su etapa de desarrollo. No es tu trabajo asegurarse de que coma una cantidad específica.

Permita que su bebé decida si aceptará lo que usted le ofrece y cuánto comerá. Responda a sus señales de interés o desinterés (descritas en la Tabla 15.3) y asegúrese de que no aplique presión, o engatuse, coaccione, engañe o distraiga para que acepte la comida que usted le ofrece o coma más de lo que está dispuesto a comer. Dé muchas oportunidades para que se autoalimente con alimentos seguros (aquellos que no representan un riesgo de asfixia) a partir de alrededor de los seis meses de edad.

Tabla 15.3: Interés y desinterés en los sólidos

Interés o receptividad	Desinterés o rechazo
• Emocionado por la vista de la comida. • Observa cómo se acerca la cuchara. • Inclinándose hacia la comida. • Abre la boca. • Acepta la cuchara/comida en la boca. • Cierra la boca alrededor de la cuchara o la comida. • Chupa o mastica comida. • Traga comida. • Autoalimentación	• Se niega a sentarse en una silla alta. • Se molesta cuando le ofrecen comida. • Gira la cabeza o el cuerpo para alejarse de la comida. • Arquea la espalda para distanciarse de la comida. • Boca cerrada. • Se niega a aceptar la cuchara/alimentos en la boca. • Mantiene la comida en la boca sin tragarla. • Escupe comida por la boca.

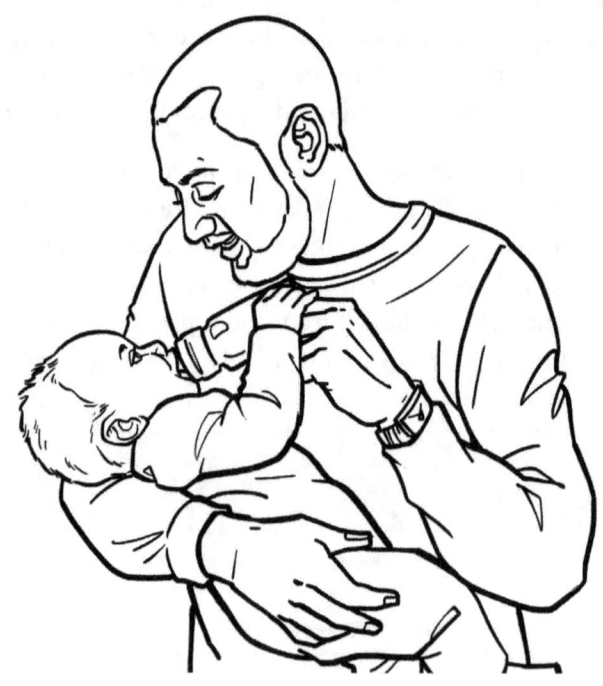

Felicitaciones

Ya ha resuelto la aversión alimentaria de su bebé, una tarea gigantesca. ¡Bien hecho! Usted ha guiado paciente y amorosamente a su bebé a disfrutar de la alimentación. Sin duda ha sido un viaje tumultuoso para usted, su bebé y su familia. Ha habido altibajos. Pero usted se mantuvo firme cuando las cosas se pusieron difíciles y su bebé y su familia ahora están cosechando las recompensas y disfrutando de una vida familiar más armoniosa, libre del estrés de tratar de hacer que su bebé se alimente.

Es posible que todavía se preocupe por la alimentación de su bebé en esta etapa. Esto es normal. Es porque usted ha estado bajo estrés extremo durante semanas o meses. Incluso ahora que su aversión ha terminado, usted probablemente se siente un poco ansioso cuando le da de comer, preocupado de que no tome el biberón o de que usted, sin saberlo, la presione y le cause una recaída. A veces puede que él se niegue o tome solo un poco y esto aumentará sus temores de que su aversión regrese. La ansiedad que usted siente se desvanecerá con el tiempo a medida que se sienta más seguro de que él no va a recaer.

Usted y su bebé están ahora en la misma página, cada uno aferrándose a sus responsabilidades individuales en la asociación de alimentación. Como resultado, su bebé está disfrutando de la comida y creciendo bien. Descansa en ese conocimiento.

Les deseo todo lo mejor para un futuro en el que puedan disfrutar de una comida agradable con su hijo.

Rowena

REFERENCIAS

1. R Bryant-Waugh, L Markham, RE Kreipe, BT Walsh, 'Feeding and eating disorders in childhood', International Journal of Eating Disorders, March 2010, 43(2), pp 98–111.
2. RE Behrman, R Kliegman and HB Jenso HB (eds), *Nelson Textbook of Pediatrics*, 16th ed, WB Saunders, Philadelphia, 2000, pp 1125–26.
3. R Meyer, 'New guidelines for managing cow's milk allergy in infants', *Journal of Family Health*, 2008, 18(1), pp 27–30.
4. A Host and S Halken, 'Cow's milk allergy: Where have we come from and where are we going?', *Endocrine, Metabolic Immune Disorders – Drug Targets*, 2014 March 14(1), pp 2–8.
5. Meyer, 'New guidelines for managing …', pp 27–30.
6. A Host, 'Frequency of cow's milk allergy in childhood', *Annals of Allergy, Asthma and Immunology*, 2002, 89 (Suppl 1), pp 33–37.
7. GR Fleisher and S Ludwig, *Synopsis of Pediatric Emergency Medicine*, 4th ed, 2002, Lippincott Williams & Wilkins, Philadelphia, p 98.
8. Host and Halken, 'Cow's milk allergy…', pp 2–8.
9. Prilosec Side Effects Center, http://www.rxlist.com/prilosec-side-effects-drug-center.htm (accessed 10 February 2017).
10. E Satter, 'Division of Responsibility in Feeding', Ellyn Satter Institute, http://ellynsatterinstitute.org/dor/divisionofresponsibilityinfeeding.php (accessed 10 February 2017).
11. National Health and Medical Research Council, *Infant Feeding Guidelines*, 2013, http://www.nhmrc.gov.au/_files_nhmrc/publications/attachments/n56_infant_feeding_guidelines.pdf (accessed 10 February 2017), p 79.
12. Merck Manual, *Nutrition in Infants*, https://www.merckmanuals.com/professional/pediatrics/care-of-newborns-and-infants/nutrition-in-infants#v1076566 (accessed 10 February 2017).
13. Breastfeeding Association, *Guide to Bottle Feeding*, https://www.breastfeeding.asn.au/system/files/UKHealthGuideBottlefeeding.pdf (accessed 13 September 2016).
14. The British Dietetic Association (BDA), Food Fact Sheet: Complementary foods (weaning), May 2016. https://www.bda.uk.com/foodfacts/WeaningYourChild.pdf (accessed 23 February 2017).
15. York Community Health Service, Canada, *Healthy Beginnings: Infant formula*, p 8, https://www.york.ca/wps/wcm/connect/yorkpublic/2a39389e-2d70-4f30-8b49-a6e3bab4859a/Feeding_Your_Baby_Infant_Formula.pdf?MOD=AJPERES (accessed 13 September 2016).
16. https://www.cdc.gov/mmwr/preview/mmwrhtml/rr5909a1.htm (accessed 13 September 2016).

www.ingramcontent.com/pod-product-compliance
Lightning Source LLC
Chambersburg PA
CBHW070251010526
44107CB00056B/2428